독자의 1초를
아껴주는 정성을
만나보세요!

세상이 아무리 바쁘게 돌아가더라도 책까지 아무렇게나 빨리 만들 수는 없습니다.

인스턴트 식품 같은 책보다 오래 익힌 술이나 장맛이 밴 책을 만들고 싶습니다.

땀 흘리며 일하는 당신을 위해 한 권 한 권 마음을 다해 만들겠습니다.

마지막 페이지에서 만날 새로운 당신을 위해 더 나은 길을 준비하겠습니다.

길벗 IT 도서 열람 서비스

도서 일부 또는 전체 콘텐츠를 확인하고 읽어볼 수 있습니다.
길벗만의 차별화된 독자 서비스를 만나보세요.

더북(TheBook) ▶ https://thebook.io

더북은 (주)도서출판 길벗에서 제공하는 IT 도서 열람 서비스입니다.

SERVER NO SHIKUMI TO GIJUTSU GA KORE 1SATSU DE SHIKKARI WAKARU HON
by Kazuki Yokota, Yuuki Endo
Copyright © 2022 Kazuki Yokota, Yuuki Endo
All rights reserved.
Original Japanese edition published by Gijutsu-Hyoron Co., Ltd., Tokyo
This Korean language edition published by arrangement with Gijutsu-Hyoron Co., Ltd., Tokyo
in care of Tuttle-Mori Agency, Inc., Tokyo, through Botong Agency, Seoul.

그림으로 이해하는 서버 구조와 기술
STRUCTURE AND TECHNOLOGY OF SERVER

초판 발행 · 2024년 6월 18일

지은이 · 요코타 카즈키, 엔도 유키
옮긴이 · 김성훈
발행인 · 이종원
발행처 · (주)도서출판 길벗
출판사 등록일 · 1990년 12월 24일
주소 · 서울시 마포구 월드컵로 10길 56(서교동)
대표전화 · 02)332-0931 | **팩스** · 02)323-0586
홈페이지 · www.gilbut.co.kr | **이메일** · gilbut@gilbut.co.kr

기획 및 책임편집 · 이다빈(dabinlee@gilbut.co.kr) | **디자인** · 장기춘 | **표지 일러스트** · 피클첨스 | **제작** · 이준호, 손일순, 이진혁
영업마케팅 · 임태호, 전선하, 차명환, 박민영, 지운집, 박성용 | **유통혁신** · 한준희 | **영업관리** · 김명자 | **독자지원** · 윤정아

교정교열 · 김윤지 | **전산편집** · 책돼지 | **출력 · 인쇄 · 제본** · 예림 인쇄

· 잘못 만든 책은 구입한 서점에서 바꿔 드립니다.
· 이 책은 저작권법에 따라 보호받는 저작물이므로 무단전재와 무단복제를 금합니다.
  이 책의 전부 또는 일부를 이용하려면 반드시 사전에 저작권자와 (주)도서출판 길벗의 서면 동의를 받아야 합니다.

ISBN 979-11-407-1399-8 93000
(길벗 도서번호 080387)

정가 22,000원

독자의 1초를 아껴주는 길벗출판사

(주)도서출판 길벗 | IT교육서, IT단행본, 경제경영, 교양, 성인어학, 자녀교육, 취미실용 www.gilbut.co.kr
길벗스쿨 | 국어학습, 수학학습, 어린이교양, 주니어 어학학습, 학습단행본 www.gilbutschool.co.kr

페이스북 · www.facebook.com/gbitbook

그림으로 이해하는 서버 구조와 기술

요코타 카즈키, 엔도 유키 지음
김성훈 옮김

길벗

우리 생활에서 정보 시스템은 물, 전기, 가스와 마찬가지로 중요한 인프라가 되었습니다. 최근에는 장을 보는 것도 일을 하는 것도 학교에 다니는 것도 모두 직접 그 장소에 가지 않아도 온라인 쇼핑이나 텔레워크, 온라인 수업 형태로 정보 시스템을 이용하여 원격으로 진행하는 것이 주류가 되었습니다.

이런 온라인 활동을 뒷받침하는 것이 서버나 네트워크 같은 정보 시스템 인프라입니다. 이용자에게는 잘 보이지 않는 부분이지만, 정보 시스템 인프라의 역할은 아주 중요합니다. 정보 시스템 인프라에 장애가 발생하면 사회에 커다란 영향을 미칠 것입니다. 따라서 정보 시스템 인프라를 이해하면 IT 관련 업무를 하는 사람뿐만 아니라, 일반 사용자도 이용할 때 문제를 원활하게 해결할 수 있습니다.

특히 정보 시스템 인프라를 다루는 엔지니어는 수요가 높고 서버와 네트워크, 보안까지 폭넓은 지식이 요구됩니다. 또 설계 구축뿐만 아니라 구축 후 유지 보수 및 운영도 중요한 업무 내용입니다.

이 책은 이제부터 서버 공부를 시작하려는 개인은 물론이고, 정보 통신 업계에 취업했으나 인프라 지식이 부족하여 어렴풋하게 이해하고 있거나 애초에 인프라 구조를 잘 모르는 신입 엔지니어를 대상으로 친절하게 설명합니다. 이 책은 초보자가 서버 공부를 시작하는 계기가 되는 것을 목표로 삼았습니다.

이번에 집필 기회를 주신 제1편집부 하라다 타카야스 씨에게 깊은 감사를 드리며, 이 책이 독자 여러분의 서버 학습에 도움이 되었으면 좋겠습니다.

2022년 8월

요코타 카즈키, 엔도 유키

우리는 정보화된 시대에서 살고 있습니다. 일상생활에서도 갈수록 온라인 활동이 증가하고 있으며, 이를 뒷받침하는 서버나 네트워크 등 정보 시스템 인프라의 중요성은 여느 때보다 크다고 할 수 있습니다.

이 책은 그런 정보 시스템 인프라의 핵심인 서버 기술에 관련된 전반적인 지식을 소개하고 있습니다. 특히 풍부한 그림과 함께 실생활에서 접할 수 있는 예시를 들어 서버가 어떻게 동작하는지 쉽게 풀어내는 것이 이 책의 큰 장점입니다.

프로토콜 같은 기초적인 네트워크 지식에서 시작하여 서버의 형태, 역할 및 종류, 보안 문제, 장애 대책까지 두루 다루고 있어 서버가 어떻게 운용되고 어떤 서비스를 어떤 메커니즘으로 제공하는지 파악할 수 있습니다. 즉, 현대 사회를 지탱하는 정보 시스템 인프라의 전반적인 모습을 한눈에 볼 수 있게 되는 것입니다.

사실 특별히 문제가 없는 한 일상생활 속에서 인프라 자체에 관심을 가질 기회는 많지 않습니다. 하지만 정보 시스템 인프라에 대한 의존도가 높아지면 문제가 발생했을 때 생활에 심각한 차질이 생길 수밖에 없습니다. 그런 상황에서 IT 종사자뿐만 아니라 일반 사용자도 기본적인 서버 지식을 갖추고 있다면 문제를 파악하고 개선할 수 있는 단서를 더 빠르게 찾게 될지도 모릅니다.

끝으로 번역 원고를 꼼꼼히 확인하고 다듬느라 고생하신 편집자께 깊이 감사드립니다. 이 책이 서버가 구축한 거대한 정보 인프라의 세계를 탐구하려는 독자들에게 좋은 길벗이 되었으면 좋겠습니다. 자신의 전문 분야가 아니더라도 이 책을 통해 서버 기술을 더 깊이 이해할 수 있게 될 것입니다. 감사합니다.

2024년 6월

김성훈

백엔드 개발자가 되기 위해 서버를 더 깊이 공부하고자 이번 베타 리딩에 참여하게 되었습니다. 이 책은 서버의 종류, 역할, 통신, 보안 대책 등 서버 기술의 전반적인 내용을 다루고 있습니다. 각 장마다 그림과 예시를 들어 설명하기 때문에 복잡한 개념들도 쉽게 이해할 수 있었습니다. 특히 보안 부분에서는 IDS, IPS, WAF 등의 개념을 이해하고 서버를 보호하는 다양한 기술 방법을 배울 수 있었습니다. 이 책을 통해 서버의 중요성과 관리 방법 등 많은 것을 알게 되었는데, 특히 복잡한 서버 개념들이 시각적으로 쉽게 설명된 점이 가장 기억에 남습니다. 이번 베타 리더로 참여하면서 백엔드 개발자로 발전하는 데 많은 도움을 받은 것 같아 유익했습니다.

이성희_대학생

CS의 핵심 중 하나인 네트워크와 관련이 깊은 서버 지식을 보충하기 위해 〈그림으로 이해하는 서버 구조와 기술〉 베타 리딩에 참여했습니다. 제목에서 말해 주듯이 이 책은 풍부한 그림을 통해 서버 개념을 소개하고 있습니다. 특히 네트워크 통신 계층을 일상생활의 택배 배송 과정에 비유한 것이 인상 깊었습니다. 더욱이 실무를 접하지 않은 상태에서는 잘 모를 수 있는 서버 운용과 관련된 내용도 잘 설명해 주고 있습니다. 눈에 보이지 않는 서버 흐름을 파악하고 싶거나 네트워크 지식을 한층 더 깊게 쌓고 싶다면 이 책을 추천합니다.

최현준_컴퓨터공학과 백엔드 취업 준비생

이 책은 실습 문제 없이 이론만 설명하지만, 대부분의 타 이론서와 달리 일상적이고 친숙한 비유를 들어 초심자가 읽기에 용이합니다. 또 그림 중심으로 전개되기 때문에 혼동하기 쉬운 내용을 시각적으로 학습할 수 있고 여기에 도표를 따라 그리기까지 한다면 개념을 공고히 정립할 수 있습니다. 실제로 이 책을 읽은 시점에 대학교를 막 졸업했는데, 컴퓨터 과학 정규 학부 과정에서 얕게 배웠거나 다루지 않은 내용들이 책에 일부 수록되어 있어서 지식의 구멍을 메울 수 있었습니다. 회사의 침입 탐지 시스템을 담당하는 팀에서 근무하기 전에 수업과 현업의 간극을 좁히고 제 팀이 하는 일에 대한 맥락을 더 잘 이해하게 되었습니다.

신나연_세일즈포스닷컴 소프트웨어 엔지니어

백엔드에 관심을 가지다 보니 자연스럽게 서버 기본 지식에도 관심을 가져 베타 리딩을 신청하게 되었습니다. 서버가 생각보다 개념이 방대한데, 이 책은 필요한 내용만 골라 잘 정리한 개론서 같았습니다. 그리고 그림과 함께 용어를 쉽게 풀어 썼기 때문에 서버를 처음 공부하는 사람도 도전해 볼만 합니다. 처음부터 끝까지 읽고 나면 서버 기본 지식의 뼈대가 보이는 기분이 듭니다. 저처럼 서버를 처음 공부하는 사람이라면 이 책으로 시작하길 추천합니다.

김수정_취업 준비생

기존의 인프라 환경이 온프레미스에서 클라우드로 이전되고, 새로운 인프라 환경이 클라우드 기반에서 구성되고 있는 시대가 보편화되었습니다. 더 이상 서버라는 실질적인 실체를 직접 눈으로 보고 손으로 만지며 다룰 필요가 없는 상황이 되었음에도 여전히 서버에 대한 이해는 중요합니다. 특히 하드웨어로서 서버가 아닌, 추상적으로 존재하는 소프트웨어로서 서버에 대한 이해는 더욱 중요합니다. 대부분의 IT 기반 서비스가 바로 서버 위에서 동작하기 때문입니다. 이 책은 단지 서버만 이야기하고 있지 않습니다. 서버와 밀접하게 연관되어 있고, 서버를 둘러싸고 있는 각종 개념을 함께 풀이하고 있습니다. 서버 개념은 물론 네트워크, 보안, 가상화, 기타 인프라와 관련된 영역을 광범위하게 다룹니다. 따라서 서버 기반의 인프라 환경을 폭넓게 이해할 수 있는 초석을 다질 수 있습니다. 또 풍부한 그림과 친절한 설명으로 어렵지 않게 개념을 이해할 수 있기 때문에 빠른 시일 내에 완독의 기쁨을 누릴 수 있을 것입니다. 시스템 엔지니어로 업계에 첫발을 내딛는 분, 인프라와 관련된 문제로 이해 관계자와 소통이 필요하신 분, 지금까지 알고 있던 서버나 인프라와 관련된 지식을 새로운 관점에서 다시 정리하고 싶은 분에게 이 책을 적극 권장합니다.

이종원_시스템 엔지니어

IT 계열에 종사하며 백엔드 지식을 넓혀 가기 위해 서버 기술에 대한 전반적인 지식과 기술, 인프라 이론으로 다지고 싶어서 〈그림으로 이해하는 서버 구조와 기술〉 베타 리딩을 신청했습니다. 서버의 기초 개념과 아키텍처 관점에서 어떻게 서버(물리적, 소프트웨어)를 구성하고 확장해야 할지 차근차근 설명합니다. 또 네트워크, 인프라, 보안 요소까지 다루고 있어 서버와 관련된 개념을 전반적으로 다시 한 번 정리하는 데 도움이 많이 되었습니다. 서버를 처음 공부하는 사람은 물론 어느 정도 지식을 갖춘 사람들이 복습하며 읽으면 좋은 책입니다.

강은혜_IT 회사 백엔드 개발자

3장   서버 형태를 알아보자 ····· 079

7장 서버 장애에 대비하자 ····· 181

1장

서버 기초 지식

현대 사회에서 서버는 전기나 가스, 수도 등 일상생활에 꼭 필요한
인프라가 되었습니다. 1장에서는 우리 주변에 있는 서버와 서버가
제공하는 구체적인 서비스 사례, 역할, 서버의 구성 등을 살펴보겠
습니다.

1.1 서버

우리 주변에서는 다양한 컴퓨터가 활약하고 있습니다. 서버란 무엇일까요? 우선 서버를 이해하는 데 필요한 기초 지식을 설명하겠습니다.

1.1.1 서버는 서비스를 제공하는 컴퓨터

서버(server)는 다수 사용자에게 다양한 서비스를 제공하는 컴퓨터를 의미합니다. 인터넷상에서는 그림 1-1과 같이 다양한 서비스를 제공하는데, 서비스를 제공하는 쪽은 서버를 사용하여 정보와 처리를 집중적으로 관리할 수 있습니다.

온라인 쇼핑을 예로 들어 보겠습니다. 여러분은 스마트폰이나 컴퓨터를 사용하여 다음과 같이 물건을 살 것입니다.

1. 온라인 쇼핑몰 사이트를 방문하여 상품을 보고 선택합니다.
2. 상품을 구매하려고 웹 사이트에서 상품 구매에 필요한 정보를 등록합니다 (처음 이용하는 경우).
3. 신용 카드 정보 등을 입력하여 구매 절차를 진행합니다.

이때 그 이면에는 다음과 같이 다양한 서버(서비스)가 작동합니다. 서버에는 다양한 종류가 있는데, 제공하는 서비스에 따라 'OO 서버' 형식으로 이름이 붙습니다.

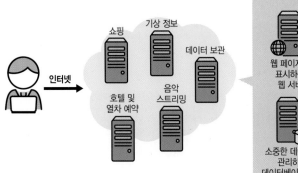

1.1.2 서버의 다양한 형태

서버는 그 형태에 따리 다워형, 랙 마운트형, 블레이드형 등으로 나눌 수 있습니다. 기본 기능은 모두 같지만, 설치에 적합한 환경의 규모, 공간, 가격 등은 다릅니다.

- **타워형 서버**: PC보다 약간 크며, 바닥에 직접 설치하는 타입으로 자리를 차지합니다. 소규모 환경에 적합합니다.
- **랙 마운트형 서버**: 전용 랙(캐비닛)에 설치하는 형태로, 타워형보다 공간을 절약할 수 있습니다.
- **블레이드형 서버**: 랙 마운트형 서버를 더 얇게 만들어 서버 기능이 있는 다수 블레이드를 인클로저라는 케이스에 끼워 넣는 형태입니다. 인클로저에서 전원이나 냉각 기능을 공통으로 제공하므로 타워형이나 랙 마운트형과 비교하면 공간을 제일 절약할 수 있습니다. 대규모 환경에 적합합니다.

요약

- ▶ 다양한 서비스를 제공하는 컴퓨터를 서버라고 한다.
- ▶ 시스템 규모, 이용 장소 등에 따라 여러 형태의 서버가 있다.

1.2 클라이언트-서버 시스템

서버는 네트워크를 통해 다양한 서비스를 제공합니다. 여기에서는 클라이언트-서버에 관한 기초 지식을 설명합니다.

1.2.1 클라이언트는 서비스를 받는 컴퓨터

1.1절에서 설명한 것처럼 다수 사용자에게 다양한 서비스를 제공하는 컴퓨터를 서버라고 하며, 서버에서 서비스를 받는 컴퓨터를 클라이언트라고 합니다. 앞서 예로 든 온라인 쇼핑몰에서는 실제로 쇼핑하는 사용자의 단말기(스마트폰 등)가 클라이언트에 해당합니다.

❤ 그림 1-2 서버에서 제공하는 서비스를 받는 클라이언트

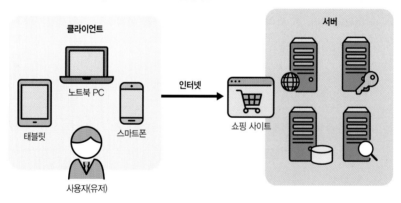

1.2.2 주로 클라이언트–서버 시스템을 사용한다

서비스를 제공하는 서버와 서비스를 받는 클라이언트로 구성된 시스템을 '클라이언트–서버' 시스템이라고 합니다. 클라이언트–서버 시스템은 현재 컴퓨터 이용 방식에서 주류가 된 형태입니다.

'클라이언트–서버' 시스템과 대비되는 형태로, 데이터와 자원을 한곳에 집중하는 '중앙 집중식 처리' 시스템도 있습니다. 중앙 집중식 처리 시스템은 메인 프레임이라고 하는 대형 컴퓨터를 이용하는 방식으로, 지금도 은행이나 보험사 등 신뢰성이 요구되는 곳에서 계속 사용됩니다.

❤ 그림 1-3 각각 처리를 분담하는 클라이언트–서버 시스템

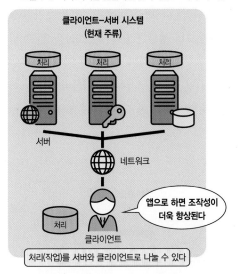

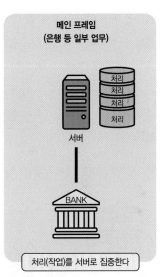

> **요약**
>
> ▶ 서버가 제공하는 서비스를 받는 컴퓨터가 클라이언트다.
>
> ▶ 클라이언트–서버 시스템은 현재 컴퓨터 이용 방식에서 주류가 된 형태다.

1.3 서버 역할

서버 개요를 이해했으니 다음은 서버가 담당하는 구체적인 역할과 대표적인 서버에 관해 설명하겠습니다.

1.3.1 서버는 일상생활에서 없어서는 안 될 중요한 인프라

서버는 네트워크를 통해 클라이언트에 다양한 서비스를 제공합니다. 우리 일상생활을 생각해 보세요. 뉴스를 볼 때, 필요한 정보를 찾을 때, 쇼핑을 할 때 컴퓨터나 스마트폰 같은 클라이언트로 서버에 접속하면 충분하지 않나요? 우리가 일상적으로 사용하는 이런 서비스를 뒷받침하는 것이 바로 서버입니다. 이제 서버는 수도나 전기처럼 일상생활에 없어서는 안 될 필수 인프라가 되었습니다.

▼ 그림 1-4 서버도 생활에 꼭 필요한 중요한 인프라

수도

가스

전기

서버를 활용한 생활

1.3.2 서비스에 따라 다양한 서버 역할

1.1절 온라인 쇼핑에서 예로 든 그림을 참고하여 서버 종류를 다시 확인해 봅시다.

▼ 표 1-1 대표적인 서버

서버	내용
웹 서버	쇼핑 사이트의 웹 페이지를 제공합니다.
데이터베이스 서버	고객 데이터와 상품 데이터 등 중요한 데이터를 관리합니다.
인증 서버	사용자를 식별하고 인증합니다.
감시 서버	필요한 서비스를 제공할 수 있는지 서버를 모니터링합니다.

이처럼 제공하는 서비스마다 담당하는 서버가 따로 있습니다. 또 서버 한 대로 여러 가지 서비스를 제공할 수도 있습니다.

▼ 그림 1-5 제공하는 서비스에 따라 역할이 다른 서버

웹 기능을 제공한다	중요한 정보를 관리한다	사용자를 인증한다	서버가 정상인지 모니터링한다	한 대로 모든 역할을 다 하는 서버도 있다
‖	‖	‖	‖	
웹 서버	데이터베이스 서버	인증 서버	감시 서버	

요약

▶ 제공하는 서비스 종류에 따라서 다양한 서버가 있다.

▶ 서버 한 대로 여러 서비스를 제공할 수도 있다.

1.4 서버 소프트웨어

소프트웨어는 컴퓨터와 인간을 이어줍니다. 소프트웨어 종류와 서버에 필요한 소프트웨어를 살펴봅시다.

1.4.1 컴퓨터와 인간을 이어 주는 소프트웨어

서버에는 타워형, 랙 마운트형, 블레이드형 등 다양한 형태가 있다고 1.1절에서 소개했습니다. 이런 서버 형태는 하드웨어로 분류한 것입니다. 컴퓨터는 하드웨어와 소프트웨어로 구성되므로, 하드웨어만 구매하면 서버가 작동할 수 없습니다.

하드웨어를 제어하기 위해 소프트웨어가 있고, 인간은 소프트웨어를 이용하여 서버를 제어합니다.

❤ 그림 1-6 인간과 하드웨어를 이어 주는 소프트웨어

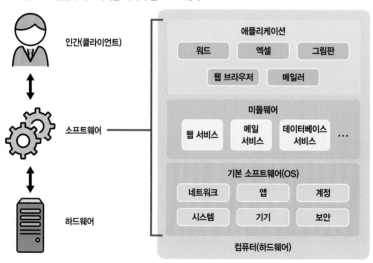

1.4.2 소프트웨어 분류

소프트웨어는 크게 운영 체제(OS), 미들웨어, 애플리케이션으로 나눌 수 있습니다.

- **OS(운영 체제)**: 하드웨어를 제어하는 기본 소프트웨어입니다.
- **미들웨어**: 운영 체제와 애플리케이션 사이에서 애플리케이션을 사용할 때 기본 기능을 제공하는 소프트웨어입니다.
- **애플리케이션**: 사용자 목적에 따라 다양한 기능을 제공하는 소프트웨어입니다.

서버에서 사용되는 대표적인 소프트웨어는 다음 그림과 같습니다. 서버 운영 체제에 관한 자세한 설명은 3.11절을 참고하세요.

▼ 그림 1-7 대표적인 서버 OS와 서버 애플리케이션

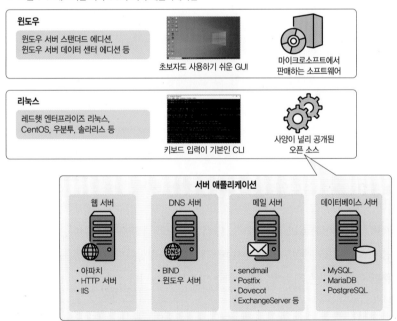

1.5 기업의 서버 선택

기업에서는 실제로 어떤 관점에서 서버를 선정할까요? 기업에서 서버를 선정하는 방법을 알아봅시다.

1.5.1 요구 사항 정의를 바탕으로 서버 선정

시스템 개발은 우선 고객(자체적으로 이용한다면 자사 사용자)의 요구 사항을 바탕으로 '어떤 시스템이 필요한지' 정리하는 작업부터 시작합니다. 이 작업을 '요구 사항 정의'라고 합니다. 일반적으로 요구 사항 정의를 바탕으로 다음 순서에 따라 프로젝트를 진행합니다.

설계 → 구축 → 운영 → 유지 보수

기업에서 서버 선정은 요구 사항 정의를 바탕으로 서버의 '기능', '성능', '하드웨어 요구 사항', '소프트웨어 요구 사항' 등 세부적인 내용을 채워 가는 작업입니다.

1.5.2 어떤 하드웨어를 선정할 것인가?

서버 하드웨어는 CPU와 메모리, 디스크 성능을 고려해야 합니다. 그 밖에 다음 표로 정리한 관점도 고려해서 하드웨어를 선정합니다. 또 새로 구매하는 것뿐만 아니라 기존 기기를 재활용하는 방법도 있습니다.

▼ 표 1-2 하드웨어를 선정하는 방법

성능	내용
신뢰성	예상되는 장애에 견딜 수 있는 고품질 제품인가? 실적은 있는가?
기밀성	필요한 보안 대책을 지원할 수 있는가?
확장성	이용 규모 증감에 따라 기기를 확장할 수 있는가?
운용/보수성	필요한 기간 동안 지원을 받을 수 있는가?

▼ 그림 1-8 하드웨어 선정

웹 서버는 새로 구축해야지.
AAA사의 BBB 기종이면 요구 사항을 충족할 수 있겠지?
데이터베이스 서버는 기존 기기를 활용하자…….

1.5.3 어떤 소프트웨어를 선정할 것인가?

소프트웨어 선정은 서버에 필요한 기능을 바탕으로 검토합니다. 예를 들어 다음 관점에서 선정할 수 있습니다.

- 필요한 기능을 구현할 수 있나요?
- 인증 기능은 있나요?
- 한국어 환경을 지원하나요?

▼ 그림 1-9 소프트웨어 선정

웹 서버는 XXX 소프트웨어로 구축해야지.
인증 기능도 이용할 수 있고 데이터베이스와 연동할 수도 있네.
데이터베이스는 YYY 소프트웨어로 할까?

1.6 서버와 네트워크

네트워크를 활용해서 서버와 클라이언트를 다수 연결하고 컴퓨터 간에 데이터를 전송하거나 자원을 공유할 수 있습니다. 여기에서는 서버와 네트워크를 설명하겠습니다.

1.6.1 네트워크를 이용한 정보 교환

정보 사회에서 네트워크는 반드시 필요한 요소입니다. 컴퓨터는 네트워크를 이용하여 서로 정보를 주고받거나 자원을 공유할 수 있습니다. 가장 대표적인 네트워크는 바로 '인터넷'입니다.

서버는 인터넷을 통해 전 세계 컴퓨터, 모바일 단말기, 다른 서버 등과 통신할 수 있습니다. 다시 말해 서버는 인터넷이라는 네트워크를 이용하여 전 세계 모든 사용자에게 다양한 서비스를 제공할 수 있게 된 것입니다.

인터넷처럼 넓은 지역에 구축된 네트워크를 WAN(Wide Area Network)이라고 하며, 기업 내부 등 좁은 범위에 구축된 네트워크를 LAN(Local Area Network)이라고 합니다.

1.6.2 서버와 네트워크의 기본 구성

기업의 내부 LAN, 인터넷, 각종 서버의 기본 구성은 다음 그림과 같습니다.

① **방화벽**

방화벽이라는 전용 네트워크 시스템을 이용하여 인터넷에서 오는 부정한 침입을 방지합니다.

② DMZ

DMZ(비무장 지대)라는 특별한 네트워크 영역을 구축하여 인터넷과 내부 네트워크를 분리합니다.

③ 라우터

라우터 장비로 LAN을 다시 네트워크 여러 개로 나눌 수 있습니다.

▼ 그림 1-10 네트워크 기본 구성

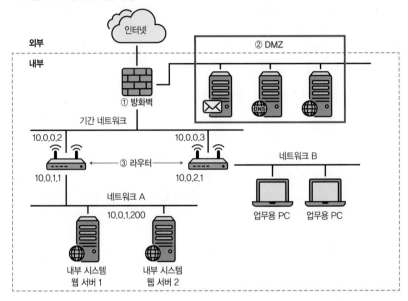

 요약

▷ 서버는 네트워크를 활용하여 다양한 서비스를 제공할 수 있다.

▷ 기업에서 서버와 네트워크의 기본 구성은 내부 LAN, DMZ, 인터넷이다. 방화벽이나 라우터 등 네트워크 장비로 구현한다.

우리는 수도나 전기가 끊기면 생활에 큰 불편함을 느낍니다. 마찬가지로 서버가 멈추어 버리면 여러 시스템에 큰 영향을 미칩니다. 은행 시스템이나 비행 중에 엔진이 멈춘다면 어떻게 될까요? 다시 말해 서버도 수도나 전기처럼 서비스를 중단하지 않고 운영할 수 있는지가 가장 중요합니다.

'무중단 서비스 = 시스템 신뢰성 평가'를 위한 래시스(Reliability Availability Serviceability Integrity Security, RASIS)라는 지표가 있습니다. 래시스는 서버를 구축하고 운영할 때 고품질 서비스를 제공하려고 사용하는 평가 지표입니다.

RASIS 개념의 예를 들어 보겠습니다.

▼ 그림 1-11 서비스를 중단하지 않기 위한 RASIS 지표(이하 항목 다섯 개)

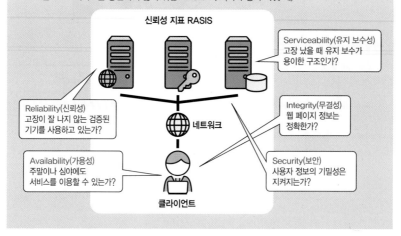

2^장

네트워크
기초 지식

2장에서는 주로 인터넷에서 꼭 필요한 다양한 네트워크 용어와 기
술을 소개합니다. 이 기회에 인터넷상에서 활약하는 각종 서버와 관
련된 네트워크 기초 지식을 알아 둡시다.

2.1 네트워크란

클라이언트–서버 시스템이 컴퓨터의 주된 이용 형태이므로, 서버를 다룰 때는 네트워크 구조를 이해하는 것이 중요합니다. 여기에서는 특히 서버와의 관계를 중심으로 네트워크 구조를 설명합니다.

2.1.1 우리 주변에 있는 네트워크

네트워크란 그물망처럼 연관된 것들이 서로 연결되어 있는 모습을 의미합니다. 즉, 사람과 사람 사이의 '정보 전달'이나 TV나 라디오의 통신 회선도 네트워크입니다.

▼ 그림 2-1 사람과 사람 간 네트워크와 방송국 네트워크

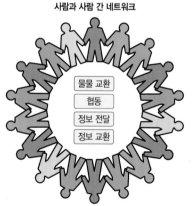

※ 참고: 방송국 네트워크란 방송 사업자가 개설하는 방송국 간 네트워크를 의미한다. '방송 계열'이라고도 한다.
https://j-ba.or.jp/category/data/jba104001

2.1.2 컴퓨터 네트워크

네트워크는 1.6절에서 소개한 LAN과 WAN으로 구분됩니다. 다음 그림과 같이 방에서 현관으로 이어지는 복도를 LAN, 현관 밖에 있는 도로를 WAN이라고 할 수 있습니다. 즉, LAN은 직접 관리할 수 있는 가까운 범위를 의미합니다. 우리가 집 밖에 있는 상점에서 서비스를 받는 것처럼 클라이언트는 LAN이나 WAN을 통해 서버에서 서비스를 받게 됩니다.

▼ 그림 2-2 LAN과 WAN의 예시

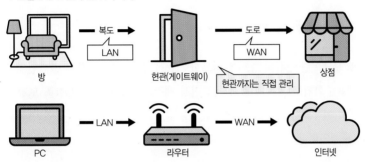

▼ 그림 2-3 LAN이나 WAN을 경유하여 '온라인 쇼핑'이라는 서비스를 받는다

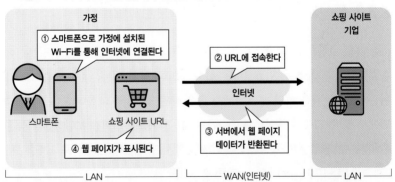

> ▶ 컴퓨터 네트워크는 사람 사이의 네트워크와 마찬가지로 정보를 전달하는 데 이용된다.
>
> ▶ 네트워크는 크게 LAN과 WAN으로 나뉜다.

2.2 OSI 참조 모델

간단히 네트워크를 구축하고 설계할 수 있는 표준화된 개념으로 OSI 참조 모델이 있습니다.

2.2.1 OSI 참조 모델이란

OSI 참조 모델이란 컴퓨터 통신에 필요한 기능을 정리한 것입니다. 1977년 3월 ISO(국제표준화기구) 위원회를 설치하면서 제정되었습니다. OSI 참조 모델은 컴퓨터에서 이용되는 다수의 프로토콜(통신 규칙)을 역할별로 분류하여 명확하게 하는 모델입니다.

2.2.2 통신에 필요한 기능을 7계층으로 생각

OSI 참조 모델은 다른 제조사 기기와도 네트워크를 구축할 수 있도록 통신에 필요한 기능을 계층 일곱 개로 표준화한 것입니다. 각 기능은 1~7계층으로 나뉘는데 1계층 쪽을 하위 계층, 7계층 쪽을 상위 계층이라고 합니다. 또 다음 그림에서 볼 수 있듯이 데이터 전송 기능은 1~3계층에서, 이를 보완하는 기능은 4계층에서, 통신 서비스 기능은 5~7계층에서 담당합니다. 참고로 1계층부터 7계층을 L1~L7(Layer1~Layer7)로 부르기도 합니다.

▼ 그림 2-4 OSI 참조 모델

상위 계층	7계층(L7)	응용 계층	┐
	6계층(L6)	표현 계층	├ 서비스에 관한 기능
	5계층(L5)	세션 계층	
	4계층(L4)	전송 계층	┘
	3계층(L3)	네트워크 계층	┐
	2계층(L2)	데이터 링크 계층	├ 데이터에 관한 기능
하위 계층	1계층(L1)	물리 계층	┘

2.2.3 배송 과정과 동일한 데이터 전송 순서

통신에 필요한 일곱 가지 기능을 사람이 택배를 보내는 작업에 비유해 봅시다. 여러분이 택배로 친구에게 과자를 보내고 싶다고 가정해 보겠습니다. 먼저 친구가 좋아할 만한 과자를 사고, 택배 상자에 들어갈 수 있도록 과자량을 조절한 후 포장합니다. 발송할 때는 택배 송장에 받는 사람, 보내는 사람, 상품 이름, 도착 예정일 등을 바르게 적습니다.

도착 예정일에 친구가 부재중일까 봐 걱정된다면 친구에게 미리 연락해 두는 것도 좋겠죠. 택배 송장도 분실하지 않도록 잘 보관해 둡니다. 어쨌든 여기까지가 과자를 보내는 과정입니다.

다음은 택배 회사 쪽에서 배송 절차가 시작됩니다. 배송을 위해 트럭을 이용한다면 화물칸 어디에 실을지, 어디에서부터 고속도로를 타는지 등 경로 선정과 출발 시간도 결정해야 합니다.

이처럼 OSI 참조 모델의 데이터 전송 과정을 택배 배송 절차에 비유할 수 있습니다. 자세한 내용은 2.3절을 참고하세요.

요약

▶ 네트워크 규칙을 표준화한 모델이 OSI 참조 모델이다.

▶ OSI 참조 모델은 계층 일곱 개로 정의된다.

2.3 OSI 참조 모델로 보는 데이터 전송

2.2절에서 소개한 OSI 참조 모델을 택배에 비유하여 데이터 전송 구조를 설명해 보겠습니다.

2.3.1 OSI 참조 모델의 계층별 역할

2.2절에서는 OSI 참조 모델을 택배에 비유했습니다. 다음 그림은 OSI 참조 모델을 택배 업무에 대응시킨 것입니다.

▼ 그림 2-5 OSI 참조 모델을 택배에 비유

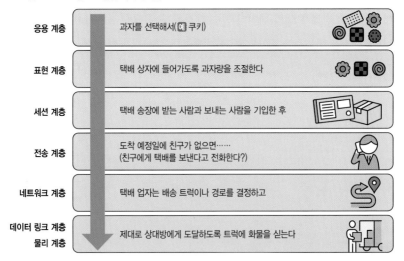

응용 계층	과자를 선택해서(예 쿠키)
표현 계층	택배 상자에 들어가도록 과자량을 조절한다
세션 계층	택배 송장에 받는 사람과 보내는 사람을 기입한 후
전송 계층	도착 예정일에 친구가 없으면…… (친구에게 택배를 보낸다고 전화한다?)
네트워크 계층	택배 업자는 배송 트럭이나 경로를 결정하고
데이터 링크 계층 물리 계층	제대로 상대방에게 도달하도록 트럭에 화물을 싣는다

2.3.2 OSI 참조 모델의 데이터 전송 메커니즘

데이터를 전송할 때도 택배 배송 흐름과 거의 같습니다. 응용 계층에서 관리되는 다양한 데이터는 그림 2-6과 같이 계층마다 필요한 처리를 한 후 최종적으로는 물리 계층에서 전기 신호로 변환되어 네트워크로 흘러갑니다.

상위 계층은 하위 계층의 기능(서비스)을 이용하고, 반대로 하위 계층은 상위 계층에 기능을 제공하는 구조입니다.

응용 계층에서는 애플리케이션 서비스를 제공합니다. 표현 계층에서는 데이터 형식을 일반적인 형태로 변환하고, 세션 계층은 일련의 세션을 관리합니다. 전송 계층은 고품질 데이터를 전송하는 메커니즘을 갖추고 있습니다. 네트워크 계층에서는 전송 경로를 선택하여 패킷을 다른 네트워크로 전송하며, 데이터 링크 계층에서는 동일한 네트워크 내에서 전송합니다. 마지막으로 물리 계층은 전기 신호인 0과 1로 데이터를 변환한 후 케이블을 통해 전송합니다.

❤ 그림 2-6 택배 배송과 데이터 전송 모델은 같다

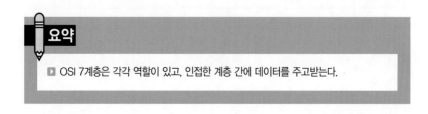

요약

▶ OSI 7계층은 각각 역할이 있고, 인접한 계층 간에 데이터를 주고받는다.

2.4 TCP/IP

TCP/IP는 LAN이나 인터넷에서 널리 사용되는 통신 규약으로, 업계 표준 규격입니다.

2.4.1 TCP/IP 모델은 업계 표준 규격

TCP/IP는 LAN이나 인터넷에서 널리 사용되는 통신 규약으로, 업계 표준 규격입니다. TCP/IP는 OSI 참조 모델과 마찬가지로 통신을 계층화했지만, 다음 그림에서 알 수 있듯이 OSI 참조 모델보다 적은 수의 계층으로 구성되어 있습니다.

❤ 표 2-1 TCP/IP와 OSI 참조 모델의 관계

OSI 기본 참조 모델	TCP/IP	TCP/IP 각 층의 역할
응용 계층	응용 계층	사용자에게 각종 서비스를 제공합니다.
표현 계층		
세션 계층		
전송 계층	전송 계층	출발지와 목적지 간 고품질 데이터를 전송합니다.
네트워크 계층	네트워크 계층	데이터를 전송하는 경로 선택과 데이터 전송, 중계를 합니다.
데이터 링크 계층	데이터 링크 계층	데이터 전송 경로를 제공합니다.
물리 계층		

2.4.2 TCP/IP의 데이터 전송

그럼 TCP/IP 통신으로 온라인 쇼핑 흐름을 확인해 봅시다. 클라이언트가 인터넷을 경유하여 웹 서버에 데이터를 보내는 과정을 생각해 봅시다. 이때 서버가 제공하는 서비스와 관련해서 송수신하는 데이터를 애플리케이션 데이터라고 합니다.

먼저 택배를 예로 들어 애플리케이션의 데이터 전송 과정을 확인해 보겠습니다.

애플리케이션의 데이터 전송 과정

① 전송 계층의 처리

큰 애플리케이션 데이터를 그대로 한 번에 인터넷으로 보낼 수 없으므로 우선 정해진 크기로 작게 분할합니다.

② 전송 계층의 처리

목적지(IP 주소)가 붙은 상자에 분할한 데이터를 넣습니다.

③ 네트워크 계층의 처리

트럭의 컨테이너(MAC 프레임)에 이 상자를 싣고 어떻게 배송할지 결정합니다.

④ 데이터 링크 계층과 네트워크 계층의 처리

필요한 경로를 선택해서(라우팅) 목적지에 도착합니다.

⑤ 전송 계층의 처리

도착한 데이터 상자를 트럭에서 내리고, 상자에서 데이터를 꺼냅니다.

⑥ 전송 계층의 처리

분할된 데이터를 서로 연결하면 클라이언트가 보낸 데이터가 완성됩니다.

▼ 그림 2-7 TCP/IP는 계층별로 처리를 분담

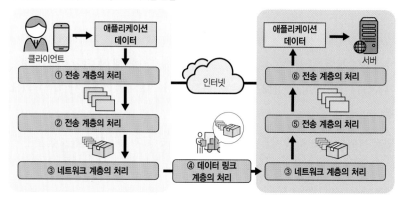

그림에 표시된 숫자는 TCP/IP 각 계층의 역할을 나타냅니다. 원래 애플리케이션 데이터를 다루는 처리는 응용 계층에서, ①·②·⑤·⑥의 처리는 전송 계층에서, ③의 처리는 네트워크 계층에서, ④의 처리는 데이터 링크 계층에서 담당합니다. 출발지와 목적지에서 각각 ①·②·③의 처리와 ④, ⑤, ⑥의 처리가 반대 방향으로 진행된다는 점에 주목하세요.

2.4.3 TCP/IP 모델의 전체적인 구조

다음 그림에서는 TCP/IP 각 계층의 특징을 용어와 함께 소개합니다. 각 계층의 용어는 이후에 자세히 설명하겠습니다.

▼ 그림 2-8 TCP/IP의 통신 기능과 필수 용어

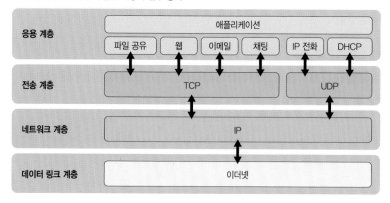

이더넷

이더넷은 일반적인 LAN에서 사용되는 데이터 링크 계층/물리 계층 프로토콜입니다. 이더넷에서는 케이블 형태와 데이터를 운반하는 단위인 이더넷 프레임을 규정하고 있으며, 주로 다음 두 가지 작업을 수행합니다.

- 수신한 패킷에 MAC 헤더를 붙여 데이터를 보낼 상대방을 지정합니다.
- 이더넷 프레임 내에 있는 데이터를 물리적으로 연결하고 전기 신호로 내보냅니다.

▼ 그림 2-9 두 가지 일을 하는 이더넷

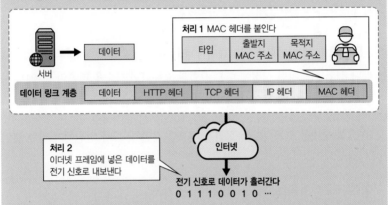

MAC 헤더에는 출발지와 목적지 MAC 주소 값이 들어갑니다. MAC 주소는 2.6절에서 다룹니다.

 요약

▣ TCP/IP 모델이 현재 업계 표준 규격이다.

▣ TCP/IP 모델은 OSI 참조 모델보다 계층 수가 적게 정의되어 있지만, 데이터 통신 개념은 OSI 참조 모델과 같다.

2.5 프로토콜 역할

프로토콜은 통신 원리를 이해하는 데 매우 중요합니다. 여기에서는 프로토콜 역할을 설명합니다.

2.5.1 대화는 어떻게 시작되는가?

통신은 사람이 하는 대화와 닮았습니다. 여러분이 중학교나 고등학교에 입학했을 때나 신입 사원이넌 시설에 다른 사람과 교류하넌 모습을 떠올려 보세요. 사람은 대화를 시작할 때 무의식적으로 다음 단계를 밟습니다.

① 대화 상대를 고릅니다(특정인과 대화할 것인가, 그룹 전원에게 말할 것인가).

② 대화할 언어를 생각합니다(한국어, 영어 등).

③ 인사를 합니다.

2.5.2 사람의 대화와 같은 규칙이 '프로토콜'

통신도 사람이 대화할 때 거치는 ①~③ 단계를 따라서 연결됩니다. 그리고 통신에 이용되는 규칙을 '프로토콜'이라고 합니다.

프로토콜은 IETF(Internet Engineering Task Force)나 ISO(International Organization for Standardization) 같은 기관에서 책정하고, 네트워크 장비 벤더(제조사나 판매업체)들은 IETF나 ISO 규정에 맞게 네트워크 장비와 소프트웨어를 개발합니다.

❤ 그림 2-10 사람은 무의식중에 대화 절차를 밟는다

❤ 그림 2-11 통신도 사람의 대화와 같다

2.5.3 TCP/IP 계층별로 규정되어 있는 프로토콜

2.4절에서 소개한 TCP/IP 계층별로 프로토콜이 규정되어 있으며, 목적에 맞게 조합해서 사용합니다. 온라인 쇼핑을 예로 들면, 스마트폰 통신 환경으로 Wi-Fi 를 선택한 후 그림 2-12와 같이 IP, TCP, 웹 액세스(HTTP) 프로토콜을 통해 서비스를 받는 흐름이 됩니다.

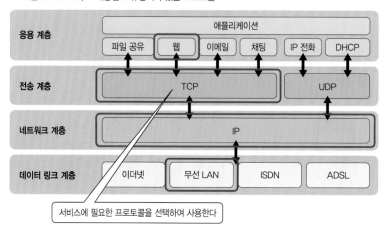

▼ 그림 2-12 TCP/IP 계층별로 규정되어 있는 프로토콜

서비스에 필요한 프로토콜을 선택하여 사용한다

2.5.4 각 계층의 프로토콜은 데이터에 헤더를 추가

웹 서버가 웹 페이지 정보를 인터넷을 통해 클라이언트에 보내는 경우를 생각해 보겠습니다. 그림 2-13과 같이 필요한 정보가 기록된 헤더를 추가하거나 제거하는 것이 프로토콜이 하는 역할입니다.

출발지

① 클라이언트가 데이터를 생성합니다.

② 응용 계층 프로토콜이 HTTP 헤더를 추가합니다.

③ 전송 계층 프로토콜이 TCP 헤더를 추가합니다.

④ 네트워크 계층 프로토콜이 IP 헤더를 추가합니다.

⑤ 데이터 링크 계층 프로토콜이 MAC 헤더를 추가합니다.

⑥ 데이터를 전기 신호로 변환하여 케이블로 전달합니다.

목적지

⑦ 데이터 링크 계층 프로토콜이 수신한 패킷의 MAC 헤더를 제거합니다.

⑧ 네트워크 계층 프로토콜이 IP 헤더를 제거합니다.

⑨ 전송 계층 프로토콜이 TCP 헤더를 제거합니다.

⑩ 응용 계층 프로토콜이 HTTP 헤더를 제거합니다.

⑪ 서버가 데이터를 확인합니다.

▼ 그림 2-13 헤더를 추가하고 제거하는 것이 프로토콜이 하는 일

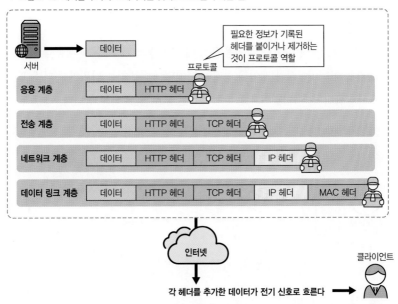

요약

▶ 컴퓨터 통신도 사람의 대화와 마찬가지로 규칙이 있다.

▶ 서비스에 따라 정의된 통신 규칙을 프로토콜이라고 한다.

▶ TCP/IP 모델의 계층별로 프로토콜이 정의되어 있어 데이터에 헤더를 추가하거나 제거하면서 인접한 계층끼리 데이터를 주고받는다.

2.6 MAC 주소

MAC 주소는 이더넷이 사용하는 주소를 의미합니다. MAC 주소를 자세히 설명하겠습니다.

2.6.1 MAC 주소는 제품을 만들 때 할당되는 주소

이더넷은 일반적인 LAN에서 이용되는 데이터 링크 계층/물리 계층의 프로토콜입니다. 이더넷에서는 케이블 형태와 데이터를 운반하는 단위인 이더넷 프레임을 규정합니다. 이더넷이 사용하는 주소를 MAC 주소라고 합니다.

❤ 그림 2-14 MAC 주소는 전 세계에서 유일한 주소

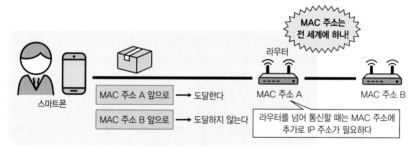

MAC 주소는 이더넷상에서 사용되는 주소입니다. 기기를 제조하는 벤더는 제품의 LAN 포트마다 고유한 MAC 주소를 할당합니다.

MAC 주소는 데이터 링크 계층에서 사용되는 주소이므로 같은 네트워크 간의 통신이라면 사용할 수 있지만, 라우터를 넘어 다른 네트워크 단말기와 통신할 때는 이 뒤에 설명할 IP 주소가 필요합니다.

2.6.2 MAC 주소의 구조

MAC 주소는 16진수 2자리를 한 세트로 해서 여섯 세트를 콜론(:)으로 구분하여 표시합니다. 16진수 2자리를 한 세트로 묶은 것을 옥텟이라고 합니다. 16진수 1자리는 2진수로 표현하면 4자리가 되므로, MAC 주소를 2진수로 표현하면 48자리의 0과 1로 나타낼 수 있습니다.

여기에서 1~3번째 옥텟은 벤더를 식별하는 번호(OUI)로, IEEE라는 LAN 표준을 책정하는 조직이 OUI를 할당합니다. 나머지 4~6번째 옥텟은 벤더가 임의로 고유하게 할당하는 영역입니다.

▼ 그림 2-15 MAC 주소의 구조

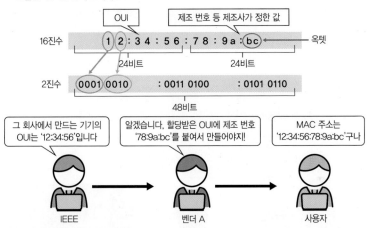

 요약

▶ MAC 주소는 데이터 링크/물리 계층에서 사용되는 주소다.

▶ MAC 주소는 벤더가 부여하는 세계에서 유일한 주소다.

▶ MAC 주소는 16진수로 표기된다.

2.7 스위칭

스위칭은 네트워크끼리 연결하는 기능입니다. 여기에서는 스위칭과 스위칭을 구현하는 스위치라는 장비에 관해 설명합니다.

2.7.1 다양한 네트워크를 연결하는 기기

네트워크를 연결하는 기능을 스위칭이라고 하며, 스위칭을 실현하는 네트워크 장비를 스위치라고 합니다. 스위치는 크게 두 가지로 나눕니다. TCP/IP 모델의 네트워크 계층에서 사용되는 기기를 'L3 스위치', 데이터 링크 계층에서 사용되는 기기를 L2 스위치라고 합니다.

▼ 그림 2-16 L3 스위치와 L2 스위치

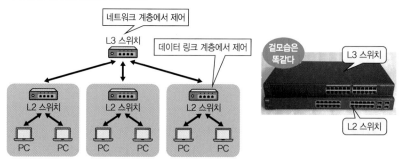

2.7.2 L3 스위치와 L2 스위치

L3 스위치와 L2 스위치는 모두 포트가 여러 개 있는 네트워크 장비입니다. L3 스위치는 OSI 참조 모델의 3계층인 네트워크 계층의 정보를 바탕으로 네트워

크를 연결합니다. 같은 네트워크 내 통신에서는 L2 스위치로 동작하고, 여러 네트워크에 걸쳐 있을 때는 라우터로 동작합니다. 분할된 네트워크끼리 연결할 수 있습니다.

L2 스위치는 OSI 참조 모델의 2계층인 데이터 링크 계층의 정보를 바탕으로 네트워크를 연결합니다. 포트에 도착한 MAC 프레임에서 MAC 주소를 읽어 내 목적지 MAC 주소로 패킷을 전송합니다. L2 스위치의 동작을 다음 그림에 정리했습니다.

❤ 그림 2-17 L2 스위치는 목적지 MAC 주소를 보고 패킷을 전송

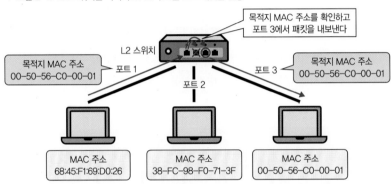

앞서 설명한 대로 L2 스위치는 MAC 주소만 사용하여 데이터를 전송합니다. 반면 L3 스위치는 IP 주소와 MAC 주소를 둘 다 사용해서 데이터를 전송합니다. 자세한 설명은 2.11절을 참고하세요.

요약

▷ 스위치는 네트워크끼리 연결하는 기기다.

▷ 네트워크 계층에서 사용되는 스위치를 L3 스위치, 데이터 링크 계층에서 사용되는 스위치를 L2 스위치라고 한다.

2.8 IP와 IP 주소

인터넷에서 데이터를 주고받을 때 사용하는 IP와 IP 주소를 설명합니다.

2.8.1 IP는 데이터를 전달하는 기초가 되는 프로토콜

IP(Internet Protocol)는 데이터를 목적지까지 보내는 프로토콜로 네트워크 계층에 위치하며, 데이터를 전송하는 절차와 형식을 규정합니다. 인터넷은 물론이고 LAN, 전화 사업자 등 모든 곳에 IP가 사용됩니다.

▼ 그림 2-18 IP는 목적지로 데이터를 보내는 프로토콜

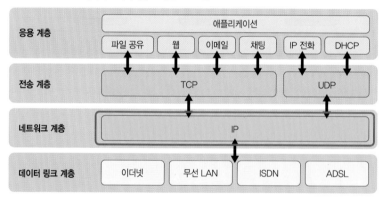

2.8.2 IP로 통신하는 단위가 패킷, 패킷을 보내는 것이 라우터

IP는 '패킷' 단위로 데이터를 주고받습니다. 모든 애플리케이션의 데이터는 패킷에 담겨서 전송됩니다. 2.5절에서 설명한 것처럼 '데이터 본체'에 HTTP 헤더, TCP 헤더, IP 헤더 등 TCP/IP 각 계층에서 필요한 정보를 각각 헤더에 추

가하여 패킷됩니다. 택배를 예로 들면, 패킷은 목적지 송장이 붙어 있는 상자 (화물)에 해당합니다.

이 패킷을 전송하는 것이 라우터나 L3 스위치라는 중계기(네트워크 장비)입니다. 라우터나 L3 스위치는 수신한 패킷 정보를 확인하고, 다음에 보낼 목적지 라우터나 L3 스위치를 판단해서 전송합니다. 이런 처리를 반복하면서 최종 목적지까지 패킷이 도달합니다.

▼ 그림 2-19 IP로 통신하는 단위는 패킷, 패킷을 보내는 것이 라우터

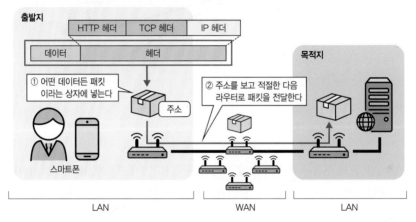

2.8.3 IP 세계에서는 장치나 컴퓨터를 IP로 식별

앞의 그림과 같이 애플리케이션 데이터는 모두 패킷이라는 상자에 담아서 주고 받습니다. 이 패킷 상자를 운반하려면 목적지 정보를 기재해야 하는데, 이 목적지 정보를 'IP 주소'라고 합니다. 목적지 IP 주소는 패킷의 IP 헤더 부분에 기재됩니다.

IP 주소는 네트워크상에서 컴퓨터 위치를 나타내므로, 컴퓨터마다 다른 IP 주소가 할당됩니다. 라우터는 패킷을 다음 라우터로 전달하려고 패킷에 기재된 IP 주소 정보를 확인합니다.

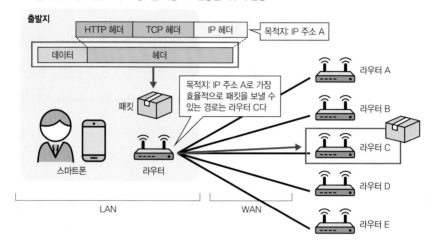

▼ 그림 2-20 라우터는 IP 주소 정보를 바탕으로 전송할 라우터 결정

2.8.4 IP 헤더 정보로 통신 제어

앞서 IP 헤더 부분에 목적지 IP 주소가 기재된다고 설명했는데, IP 헤더에는 이외에도 출발지 IP 주소와 패킷 크기를 나타내는 패킷 길이, 패킷 수명을 나타내는 TTL 등 다양한 정보가 들어 있습니다.

▼ 그림 2-21 IP 헤더에는 목적지 IP 주소 이외의 정보도 들어 있다

IP 헤더		
기타 헤더 정보 • 패킷 길이: 패킷 크기를 나타낸다 • TTL(Time To Live): 패킷 수명을 나타낸다 • TOS: 패킷의 우선순위를 나타낸다 • 프로토콜: 상위 프로토콜을 나타낸다	출발지 IP 주소	목적지 IP 주소

요약

▶ IP는 네트워크 계층의 프로토콜이다.

▶ IP는 패킷 단위로 데이터를 주고받는다.

▶ 네트워크 계층에서 이용하는 장비에는 '라우터'나 'L3 스위치'가 있다.

▶ IP 주소는 네트워크 계층에서 이용되는 주소다.

2.9 글로벌 주소와 프라이빗 주소

패킷의 목적지 정보를 나타내는 IP 주소에는 글로벌 주소와 프라이빗 주소 두 종류가 있습니다. IP 주소 구조를 자세히 살펴보겠습니다.

2.9.1 IP 주소 규칙

IP 주소는 2.8절에서 설명한 것처럼 패킷의 목적지를 나타내는 정보입니다. IP 주소는 1978년에 만든 IPv4와 그 후속 버전인 IPv6이 있습니다. 두 버전의 차이점은 나중에 설명하기로 하고, 여기에서는 IPv4를 주로 설명하겠습니다.

IP 주소는 0과 1이 32개 나열된 2진수입니다. 일반적으로 사람이 이해하기 쉽도록 32개인 0과 1을 여덟 개씩 나누어 10진수로 변환해서 표기합니다.

▼ 그림 2-22 IP 주소는 숫자 네 개를 .(마침표)로 구분해서 표기

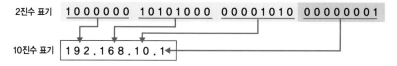

2.9.2 IP 주소는 '네트워크부'와 '호스트부'로 구성

IP 주소는 같은 네트워크 그룹임을 나타내는 '네트워크부'와 그룹 내 단말기에 할당하는 IP 주소를 나타내는 '호스트부'로 구성됩니다. 예를 들어 '192.168.10.0/24'처럼 '/24'라고 표기해서 네트워크부 길이를 나타내는데, 이때 32개인 0과 1 데이터 중 왼쪽부터 24개가 네트워크부라는 의미입니다.

즉, '/24'는 왼쪽에서 24개는 네트워크 그룹을 나타내므로 단말기에 할당되는 호스트부 IP 주소는 32에서 24를 뺀 나머지 여덟 개의 0과 1 데이터입니다. 덧붙여 호스트부에 있는 여덟 개의 0, 1 데이터로 표현할 수 있는 주소 개수는 2^8 으로 256개입니다. 하지만 여덟 개가 모두 0인 주소와 1인 주소에는 특별한 역할이 있으므로 단말기에 할당할 수 없습니다. 따라서 실제로는 단말기 254 (= 256 − 2)대에 IP 주소를 할당할 수 있습니다.

참고로 '/24'와 '/28'을 비교하면, '/28' 네트워크는 2^4에서 2를 뺀 단말기 14대에만 IP 주소를 할당할 수 있으므로 '/24'가 더 큰 네트워크입니다.

❤ 그림 2-23 '/24'를 '/28'로 변경하면 할당할 수 있는 단말기 개수가 줄어든다

2.9.3 글로벌 주소와 프라이빗 주소

IP 주소는 크게 인터넷(WAN)에서 접속할 수 있는 글로벌 주소와 LAN의 IP 주소인 프라이빗 주소로 나눌 수 있습니다.

- **글로벌 주소**: 인터넷상에서 접속할 수 있습니다. 서비스 제공자(인터넷을 관리하는 업체)가 주소를 할당합니다.

- **프라이빗 주소**: LAN에서만 접속할 수 있으며, LAN 관리자가 주소 할당을 관리합니다.

두 주소 모두 네트워크에 있는 기기를 고유하게 식별하므로 글로벌 주소는 WAN 내부에서, 프라이빗 주소는 사용하는 LAN 내부에서 각 단말기에 서로 다른 IP 주소를 할당합니다. 프라이빗 주소는 서로 다른 LAN 내에서는 동일한 주소를 할당해도 문제가 되지 않습니다.

❤ 그림 2-24 글로벌 주소와 프라이빗 주소

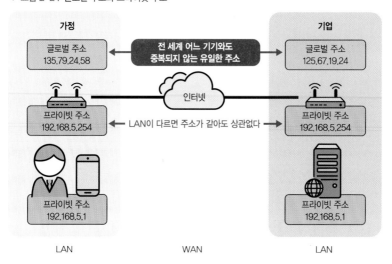

온라인 쇼핑 환경에서 생각해 봅시다. 클라이언트(스마트폰)가 인터넷에 연결하려고 가정에 설치된 Wi-Fi 라우터를 통해 인터넷에 접속한다고 가정하면, 그림에서 보듯이 스마트폰에는 프라이빗 주소가 할당되고 Wi-Fi 라우터에는 프라이빗 주소와 글로벌 주소 두 가지가 할당됩니다.

2.9.4 IP 주소 동향

IP 주소는 네트워크상에서 컴퓨터 위치를 나타내는 주소로 사용되는데, 인터넷 상에는 무수히 많은 통신 기기가 있습니다. 그리고 그 무수한 기기에는 각각 전 세계에서 유일무이한 주소가 할당됩니다.

IP 주소는 1978년에 만들어진 IPv4라는 체계를 이용해 왔습니다. 앞서 설명한 것처럼 IPv4는 0과 1이 32개 나열된 2진수로 IP 주소를 표기합니다.

즉, IPv4에서는 정보를 2^{32}(약 43억)개 표현할 수 있습니다.

▼ 그림 2-25 IPv4를 이용한 IP 주소 표기 방법

IPv4 주소

| 0 | 1 | ··· | | | | ··· | | | | |

0이나 1 두 종류

[두 가지] [두 가지] [두 가지] [두 가지] ··· 32비트

정보를 2^{32} = 약 43억 개 나타낼 수 있다

요약

▷ IP 주소는 네트워크부와 단말기에 할당하는 번호인 호스트부로 구성된다.

▷ IP 주소에는 글로벌 주소와 프라이빗 주소가 있다.

▷ 글로벌 주소는 인터넷과 통신하는 주소로 인터넷에서 고유한 주소다.

2.10 라우팅

2.8절에서 설명한 것처럼 IP로 통신하는 단위가 패킷이며, 패킷을 전송하는 장비가 라우터입니다. 여기에서는 라우터는 어떻게 패킷을 전송하는지 설명합니다.

2.10.1 택배 기사는 어떻게 물품을 운반할까?

라우터를 설명하기 전에 택배 기사가 어떻게 물품을 전달하는지 생각해 봅시다.

예를 들어 A 마을에서 B 마을로 가는 택배가 있을 때, 택배 기사는 다음과 같이 배송하지 않을까요?

① A 마을 담당 택배 기사가 물품의 목적지 주소를 확인합니다. C 마을이라고 적혀 있으므로 주소록을 참고하여 C 마을에서 가장 가까운 B 마을 배송 센터로 물품을 운반합니다.

② B 마을 담당 택배 기사가 물품의 목적지 주소를 확인합니다. C 마을이라고 적혀 있으므로 주소록을 참고하여 C 마을 배송 센터로 물품을 운반합니다.

③ C 마을 담당 택배 기사가 물품의 목적지 주소를 확인합니다. 1동 1번지라고 적혀 있으므로 주소록을 참고하여 목적지까지 물품을 운반합니다.

▼ 그림 2-26 택배 기사는 주소록을 참고하여 다음 배송 센터로 물품 전달

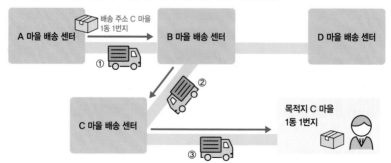

2.10.2 택배 배송과 데이터 전송(라우팅)은 같다

IP는 패킷이라는 단위로 데이터를 주고받습니다. 라우터는 수신한 패킷의 IP 헤더 정보를 보고 다음 전달 대상 라우터나 L3 스위치 등 장비를 판단해서 전송합니다. 이 작업을 '라우팅'이라고 합니다.

앞서 설명한 택배 예와 함께 라우터가 데이터를 전송하는 과정을 살펴보겠습니다.

① 패킷을 받은 라우터 A는 IP 헤더의 목적지 IP 주소(수신지 주소)를 확인합니다. IP 주소 C라고 적혀 있으므로 라우팅 테이블(주소록)을 참고하여 목적지와 조금이라도 더 가까운 라우터 B로 패킷을 전송합니다.

② 패킷을 받은 라우터 B는 IP 헤더의 목적지 IP 주소를 확인합니다. IP 주소 C라고 적혀 있으므로 라우팅 테이블(주소록)을 참고하여 라우터 C로 패킷을 전송합니다.

③ 패킷을 받은 라우터 C는 IP 헤더의 목적지 IP 주소를 확인합니다. IP 주소 C라고 적혀 있으므로 라우팅 테이블(주소록)을 참고하여 목적지 단말기로 패킷을 전송합니다.

▼ 그림 2-27 라우터와 라우팅 테이블(목적지 IP 주소를 125.67.19.24로 한 예)

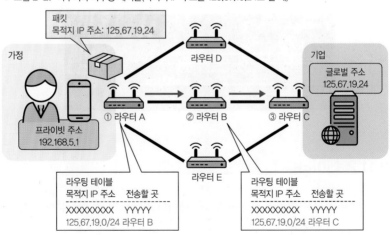

2.11 ARP

지금까지 MAC 주소와 IP 주소를 설명했는데, 이 두 주소를 연계하는 메커니즘이 ARP입니다.

2.11.1 MAC 주소와 IP 주소는 어떻게 연결될까?

MAC 주소는 데이터 링크 계층에서 사용되고, IP 주소는 네트워크 계층에서 사용됩니다. 그리고 **ARP**(Address Resolution Protocol)는 두 계층을 연결하는 역할을 합니다. 윈도우 운영 체제에서는 명령 프롬프트에서 ipconfig /all을 입력하면 IP 주소와 MAC 주소를 확인할 수 있습니다.

▼ 그림 2-28 MAC 주소와 IP 주소를 연결하는 역할을 하는 ARP

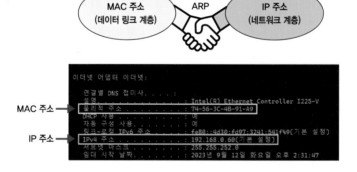

2.11.2 데이터를 전송하는 흐름 확인

2.3절에서 설명한 것처럼 애플리케이션 데이터는 정해진 크기로 분할되고, 필요한 헤더를 실은 채 전기 신호로 변환되어 데이터 링크 계층에서 이더넷으로

흐릅니다. 이때 애플리케이션 데이터가 목적지에 무사히 도달하려면 IP 주소와 MAC 주소가 모두 필요합니다.

네트워크 계층의 IP는 패킷에서 목적지 IP 주소를 보고, 이더넷에 패킷을 전달하고자 목적지 MAC 주소를 조사합니다. 이때 이용하는 것이 ARP입니다.

목적지 IP 주소 '192.168.5.10'에 패킷을 전송하는 흐름은 다음과 같습니다.

① 목적지 IP 주소 192.168.5.10을 가진 MAC 주소를 ARP가 검색해서 IP 에 알려 줍니다.

② IP는 전달받은 MAC 주소를 MAC 헤더에 추가하고 데이터를 전송합니다.

▼ 그림 2-29 전송하려면 IP 주소와 MAC 주소 정보가 모두 필요

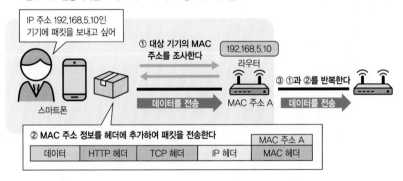

2.11.3 ARP는 어떻게 MAC 주소를 찾을까?

여러분이 모르는 사람을 찾는다고 가정해 봅시다. 예를 들어 회사에서 한 번도 만난 적 없는 영업부 직원 A를 찾을 때는 이렇게 행동할 것입니다.

① 영업부가 있는 층에 가서 그 층의 모든 직원에게 "A 있나요?"라고 묻습니다.

② A가 "제가 A입니다!"라고 대답합니다.

③ A의 특징을 기억합니다.

▼ 그림 2-30 모르는 사람을 찾는 과정

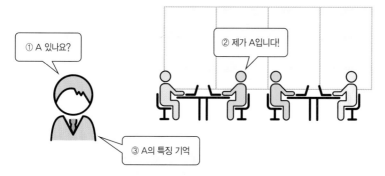

ARP가 IP 주소로 MAC 주소를 검색하는 과정도 마찬가지로 다음과 같이 세 단계를 거칩니다. 이 세 단계를 각각 **ARP 요청**, **ARP 응답**, **ARP 캐싱**이라고 합니다.

① 같은 네트워크 기기를 전체 호출합니다(ARP 요청).

② 호출한 조건에 맞는 기기가 응답합니다(ARP 응답).

③ 조회한 결과를 기록합니다(ARP 캐싱).

▼ 그림 2-31 사람을 찾는 흐름과 같은 ARP 흐름

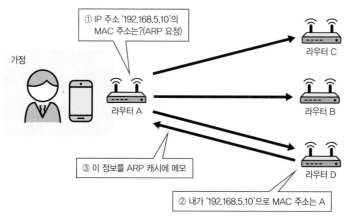

2.11.4 오래된 정보는 남겨 두지 않는다

ARP 캐시는 조회한 결과(IP 주소와 MAC 주소 정보)를 기록합니다. 하지만 ARP 캐시 정보는 영구적으로 보존되는 것이 아니라 주기적으로 삭제됩니다. 이는 PC의 IP 주소가 바뀌거나 기록된 정보가 너무 많아지는 것을 방지하기 위해서입니다.

참고로 ARP 캐시 정보 유지 시간이 지나면 다시 ARP를 요청하여 최신 정보를 조회할 수 있습니다.

ARP 캐시 정보는 ARP 테이블이라는 곳에 저장되어 있습니다. 윈도우는 명령 프롬프트에서 arp -a를 입력하면 정보를 확인할 수 있습니다.

❤ 그림 2-32 ARP 캐시 정보

```
C:\Users\hoomr>arp -a

인터페이스: 192.168.0.60 --- 0x9
  인터넷 주소            물리적 주소            유형
  192.168.0.1          28-87-ba-bf-3a-74     동적
  192.168.0.6          00-11-32-7a-09-0c     동적
  192.168.0.50         84-25-19-c6-5e-47     동적
  192.168.3.255        ff-ff-ff-ff-ff-ff     정적
  224.0.0.22           01-00-5e-00-00-16     정적
  224.0.0.251          01-00-5e-00-00-fb     정적
  224.0.0.252          01-00-5e-00-00-fc     정적
  239.255.255.250      01-00-5e-7f-ff-fa     정적
  255.255.255.255      ff-ff-ff-ff-ff-ff     정적
```

요약

▶ 데이터를 전송하려면 MAC 주소와 IP 주소가 모두 필요하다.

▶ MAC 주소와 IP 주소를 연결하는 프로토콜이 ARP다.

2.12 TCP와 UDP

IP를 보완하는 전송 계층의 프로토콜인 TCP와 UDP의 구조와 차이점을 설명합니다.

2.12.1 IP의 부족한 점을 보완하는 TCP와 UDP

2.11절에서 설명한 것처럼 IP는 패킷을 전송하는 네트워크 계층의 프로토콜입니다. 하지만 패킷은 도중에 일부가 사라지기도 하고 순서가 뒤바뀌는 등 불안정한 부분이 있습니다.

▼ 그림 2-33 TCP와 UDP는 IP 역할을 보완하는 프로토콜

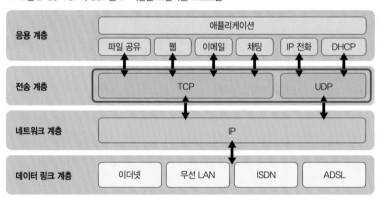

IP로는 전송한 패킷을 상대방에게 반드시 도달하게 한다고 보장할 수 없는데, IP의 이런 불안정한 부분을 보완하는 기술이 바로 전송 계층의 TCP와 UDP입니다.

2.12.2 통신 상대와 논리적인 통신 경로를 만들어 신뢰성을 높이는 TCP

택배를 예로 들어 봅시다. 보낸 물건이 잘 도착할 수 있을지 불안하면, 받을 상대방에게 'X일 X시쯤에 도착할 수 있도록 물건을 보냈다'고 미리 전화나 이메일을 보낼 수 있습니다.

데이터 전송에서도 마찬가지로 상대방과 통신하면서 데이터를 전송하면 데이터 전송의 신뢰도를 높일 수 있습니다.

▼ 그림 2-34 받을 상대방에게 미리 연락해 두기

TCP 데이터 전송에서는 IP의 불안정성을 보완하고자 출발지와 목적지 사이에 TCP 커넥션이라는 논리적인 터널을 만듭니다. 이 터널 안에서 출발지와 목적지는 다음 정보를 주고받습니다. 이 정보들은 TCP 헤더 안에 기록됩니다.

- TCP에서 이용할 애플리케이션을 지정하는 번호
- 주고받은 데이터를 확인하는 번호
- 연속으로 수신할 수 있는 데이터양을 나타내는 값

TCP 커넥션 설정 과정을 나타내면 그림 2-35와 같습니다. 택배를 예로 들어 봅시다. '지금부터 물건을 보내겠다'고 전화로 연락하는 장면을 네트워크에서 출발지와 목적지 기기로 상상해 보세요. 이때 서로 주고받는 패킷이 각각 SYN 패킷과 ACK 패킷입니다.

또 TCP에는 데이터에 결함이 발생했을 때 데이터를 재전송하는 기능도 있습니다.

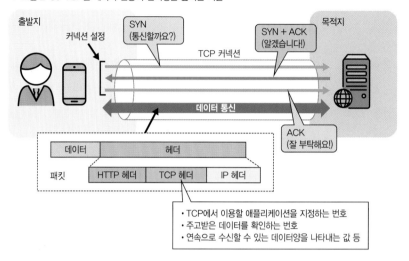

▼ 그림 2-35 TCP는 데이터 전송의 신뢰성을 높이는 기술

2.12.3 통신에 걸리는 부하를 줄여 효율적으로 전송하는 UDP

TCP 통신이 신뢰성을 보장하는 메커니즘을 사용하는 것과 달리, **UDP 데이터 전송은 통신에 걸리는 부하를 줄여 빠르게 통신할 수 있는** 메커니즘을 사용합니다. 택배를 예로 들면, 받을 사람에게 미리 연락하지 않고 최소한의 화물을 일방적으로 빠르게 배송하는 것입니다.

UDP는 시간 동기화(NTP)와 이름 해석(DNS) 통신 등에 사용되며, TCP와 마찬가지로 UDP 헤더 안에 필요한 정보를 기록합니다. UDP 헤더는 다음 네 가지 항목으로 구성되어 구조가 매우 단순합니다.

- 출발지 포트 번호
- 목적지 포트 번호
- UDP 패킷 길이
- 체크섬(UDP 패킷이 손상되지 않았는지 검증하는 데이터)

다음 그림과 같이 UDP는 동영상 스트리밍이나 IP 전화 등에 이용됩니다.

▼ 그림 2-36 UDP는 어쨌든 빠르고 가볍게 데이터를 전송하는 기술

TCP처럼 일일이 소통하면서 데이터를 전송하거나, 손상이 발생했을 때
재전송 처리를 하면 느려서 사용할 수 없다

UDP에 TCP 기능의 일부를 추가한 RUDP(Reliable UDP) 프로토콜도 있습니다.
Reliable은 '신뢰할 수 있다'는 뜻으로 신뢰가 필요한 데이터는 재전송 처리를
하고, 그렇지 않은 데이터는 일반적인 UDP와 마찬가지로 재전송 처리를 하지
않습니다. 신뢰성이 필요한 예로는 로그인 및 로그아웃 처리가 있습니다.

- ▶ TCP와 UDP는 전송 계층 프로토콜이다.
- ▶ TCP는 데이터 전송의 신뢰성을 높이는 기술을 갖추고 있다.
- ▶ UDP는 신뢰성보다 빠르고 가볍게 데이터를 전송하는 기술을 갖추고 있다.

2.13 포트 번호 사용법

애플리케이션의 통신을 이해하는 데 반드시 필요한 포트 번호를 설명합니다.

2.13.1 포트는 '빈번하게 출입하는 장소'라는 의미

포트는 일반적으로 '항구'라는 뜻이지만, 네트워크 용어로는 패킷이 빈번하게 드나드는 장소를 가리킵니다. 스위치나 PC 등 LAN 케이블을 꽂는 곳을 물리 포트 또는 LAN 포트라고 합니다.

▼ 그림 2-37 포트는 출입이 빈번한 장소

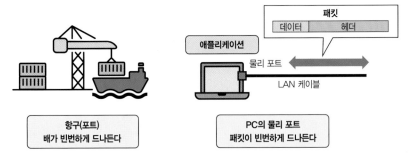

2.13.2 논리적인 포트는 '포트 번호'로 생각한다

네트워크에서는 스위치나 PC에 달린 물리 포트 외에도 '논리 포트'가 있습니다. 논리 포트는 TCP나 UDP 등 서비스 창구를 의미하며, 0~65535의 숫자가 사용됩니다. 이런 서비스 창구 번호를 포트 번호라고 합니다.

예를 들어 웹 서버라면 HTTP로 TCP 80번, HTTPS로 TCP 443번, 메일 서버
는 SMTP로 TCP 25번과 POP3으로 TCP 110번, 시간 동기 서버라면 NTP로
UDP 123번 등의 형태입니다. 이처럼 프로토콜과 TCP/UDP와 포트 번호는 세
트로 이해해 두면 좋습니다.

▼ 그림 2-38 프로토콜과 TCP/UDP와 포트 번호는 세트로 사용

TCP/80번(HTTP),
TCP/443번(HTTPS)을 사용해요

TCP/25번(SMTP),
TCP/110번(POP3)을 사용해요

UDP/123번(NTP)을 사용해요

웹 서버　　　　　　　　메일 서버　　　　　　　시간 동기 서버

2.13.3 포트 번호 할당

포트 번호는 0~65535를 사용할 수 있고, 다음 표와 같이 범위에 따라 용도가
정해져 있습니다. 0~1023은 웰노운 포트(well known port)라고 하며, 인터넷상
의 표준 서비스에 이용됩니다. 웰노운 포트는 IANA(Internet Assigned Numbers
Authority)라는 조직에서 관리합니다. 1024~49151은 IANA가 편의성을 고려
해서 공개하는 포트 번호고, 49152~65535는 자유롭게 사용할 수 있는 번호
입니다.

▼ 표 2-2 포트 번호별 명칭과 용도

범위	명칭	용도
0~1023	웰노운 포트	인터넷상의 표준 서비스용(IANA가 관리)
1024~49151	등록된 포트	IANA에 신청하면 이용할 수 있으며, 사용자가 개발한 애플리케이션 등에서 이용(IANA가 공개)
49152~65535	동적/비공식 포트	자유롭게 이용 가능

2.13.4 웰노운 포트는 프로토콜과 함께 기억하기

자주 사용되는 웰노운 포트와 프로토콜의 용도를 그림으로 나타냈습니다. 보안 대책의 일환으로 통신을 제한할 때, 보통 방화벽 등 장치로 포트 번호를 지정하여 통신을 제한합니다. 예를 들어 파일 전송을 위한 FTP의 TCP 21번은 거부하고, 웹 접속을 위한 TCP 443번은 허가하는 식으로 설정합니다.

특히 웰노운 포트는 공격 대상이 되기 쉽습니다. 웰노운 포트와 프로토콜의 용도를 기억하고 적절히 활용하는 것은 엔지니어에게 꼭 필요한 지식이라고 할 수 있습니다.

♥ 그림 2-39 자주 이용되는 웰노운 포트와 프로토콜

포트 번호	TCP/UDP	서비스/프로토콜	역할
21	TCP	FTP	파일 전송
22	TCP/UDP	SSH	보안 원격 컴퓨터 접속
23	TCP	TELNET	원격 컴퓨터 접속
25	TCP/UDP	SMTP	이메일 전송
53	TCP/UDP	DNS	IP 주소 검색
80	TCP/UDP	HTTP	인터넷 통신
110	TCP	POP3	이메일 수신
443	TCP/UDP	HTTPS	보안 인터넷 통신

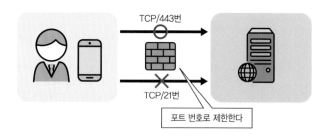

공격받기 쉬운 포트 번호

국가연구개발법인 정보통신연구진흥원(NICT)에서는 사이버 공격 관련 통신을 관측하고 그 결과를 공개하고 있습니다.

2021년도 정보에 따르면, 주요 공격 대상 패킷은 다음과 같습니다. 원형 그래프의 파란색 부분은 웹캠, 홈 라우터 등 IoT 기기에 따른 통신입니다. IoT는 Internet of Things의 약어로, 정보 기기뿐만 아니라 다양한 사물이 인터넷에 연결되는 것을 의미합니다. 최근에는 이처럼 카메라나 홈 라우터 등을 인터넷에 연결하는 경우가 많아졌는데, 이런 기기들이 공격받는 경향이 있습니다.

▼ 그림 2-40 목적지 포트 번호별 패킷 수 분포

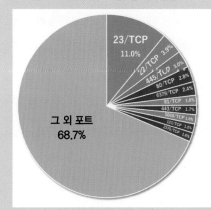

포트 번호	공격 대상
23/TCP	텔넷(라우터, 웹 카메라 등)
22/TCP	SSH(서버, 라우터 등)
445/TCP	Microsoft-DS(SMB, Samba 등)
80/TCP	HTTP(웹 관리 화면)
6379/TCP	Redis
81/TCP	HTTP(홈 라우터 등)
443/TCP	HTTP(웹 서버)
5060/TCP	SIP(PBX, 라우터 등)
123/TCP	NTP
2375/TCP	Docker REST API

목적지 포트 번호별 패킷 수 분포
(조사 목적의 스캔 패킷 제외)

요약

▶ 포트는 애플리케이션 통신에서 사용하는 입구다.

▶ 포트 번호 범위는 용도에 따라 할당된다.

▶ 웰노운 포트는 프로토콜과 함께 기억해 둔다.

2.14 NAT와 NAPT

글로벌 주소와 프라이빗 주소를 바꾸어 주는 NAT와 NAPT의 프로토콜 동작 원리를 설명합니다.

2.14.1 NAT는 뭘까?

NAT(Network Address Translation)를 직역하면 '네트워크 주소 변환'이라는 의미입니다. 2.9절에서는 글로벌 주소와 프라이빗 주소를 설명했는데, 글로벌 주소와 프라이빗 주소를 변환하는 메커니즘이 NAT입니다.

마찬가지로 온라인 쇼핑을 예로 들어 생각해 봅시다.

① 가정에서 사용하는 스마트폰에는 가정 LAN의 프라이빗 주소가 할당되어 있습니다.

② 웹 서버에서 스마트폰으로 데이터를 보낼 때, 그 데이터의 목적지 IP 주소는 인터넷을 경유하므로 가정 환경의 글로벌 주소로 설정되어 있습니다.

③ 데이터를 수신한 가정 라우터는 데이터를 스마트폰에 보내려고 목적지 IP 주소를 글로벌 주소에서 스마트폰의 프라이빗 주소로 변환한 후 패킷을 전송합니다.

③의 변환 기능이 바로 NAT입니다. 일반적으로 라우터에는 NAT 기능이 탑재되어 있습니다.

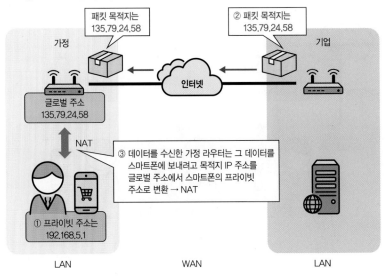

▼ 그림 2-41 NAT는 네트워크 주소를 변환

패킷 목적지는
135.79.24.58

② 패킷 목적지는
135.79.24.58

가정

기업

인터넷

글로벌 주소
135.79.24.58

NAT

③ 데이터를 수신한 가정 라우터는 그 데이터를
스마트폰에 보내려고 목적지 IP 주소를
글로벌 주소에서 스마트폰의 프라이빗
주소로 변환 → NAT

① 프라이빗 주소는
192.168.5.1

LAN   WAN   LAN

2.14.2 LAN에 다수의 단말기가 있을 때 주소 변환은 어떻게 할까?

NAT 역할은 앞서 이미 설명했습니다. 앞서 든 예에서는 가정에 스마트폰이 한 대(하나의 프라이빗 주소), 글로벌 주소도 하나가 있는 1대1의 관계였습니다. 하지만 여러분 가정에는 아마도 단말기가 여러 대 있고 모두 인터넷에 연결되어 있을 것입니다.

가정 LAN에 있는 PC와 태블릿, 스마트폰 세 기기를 인터넷에 연결한다면, 단순히 주소를 변환하는 데 글로벌 주소 세 개가 필요할 것입니다. 하지만 실제로 그렇게 구성하는 경우는 거의 없습니다. 글로벌 주소는 할당받으려면 인터넷 서비스 프로바이더라는 회선 사업자와 계약해야 하는데, 주소 하나당 비용이 최소 월 몇만 원은 들어갑니다. 단말기 세 대를 동시에 인터넷에 연결하려고 월 몇만 원 × 세 대의 금액을 지출하는 것은 현실적이지 않습니다.

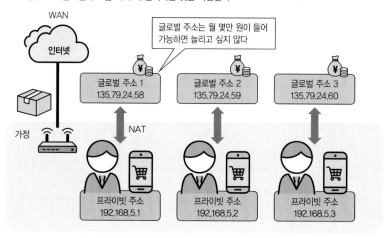

▼ 그림 2-42 글로벌 주소를 여러 개 준비하는 것은 비현실적

2.14.3 이때 활용할 수 있는 기술이 바로 NAPT

LAN에 기기가 여러 대 있을 때, 하나의 글로벌 주소로 프라이빗 주소를 여러
개 변환하려면 글로벌 주소와 포트 번호를 조합하여 LAN 내부 단말기를 인식
하는 기술을 사용합니다. 이 기술을 **NAPT**(Network Address Port Translation)라고
합니다.

라우터는 NAPT 변환 테이블을 내부에 보관해 두고, 이 변환 테이블을 기반으
로 하여 글로벌 주소와 프라이빗 주소를 연결합니다. NAPT를 사용하면 가정
내 여러 기기를 동시에 인터넷에 연결해도 하나의 회선만 계약하면 됩니다.

▼ 그림 2-43 NAPT는 주소에 포트 번호를 조합해서 변환

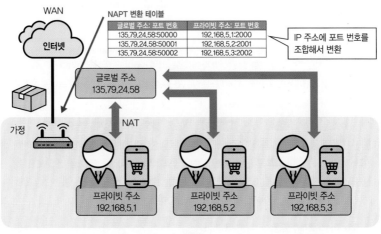

덧붙여 일반 가정에서 인터넷을 이용할 때는 인터넷 연결을 전제로 한 '브로드밴드 라우터'라는 기기를 활용합니다. 이 광대역 라우터에는 NAPT 기능이 탑재되어 있어 가정에서 PC나 스마트폰 등으로 동시에 인터넷을 이용할 수 있습니다.

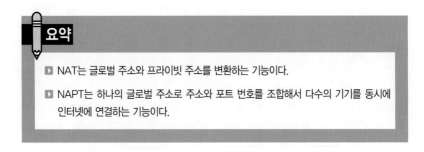

요약

▶ NAT는 글로벌 주소와 프라이빗 주소를 변환하는 기능이다.

▶ NAPT는 하나의 글로벌 주소로 주소와 포트 번호를 조합해서 다수의 기기를 동시에 인터넷에 연결하는 기능이다.

IP 주소를 보완하려고 등장한 'IPv6'

고갈되기 시작한 IPv4 주소를 보완하고자 1995년에 IPv6이 만들어졌습니다. IPv6에서는 IP 주소를 128비트로 표현합니다. 따라서 IPv6 주소가 표현할 수 있는 정보량은 2^{128}(약 340간)이며, 사실상 무한대에 가깝습니다.

IPv6 주소는 MAC 주소로 자동 설정되므로 주소를 설정하거나 설계할 필요가 없어 가정용 전자 제품 등 다양한 기기가 IP 주소를 이용할 수 있습니다. 이동 통신 사업자가 제공하는 인터넷 서비스는 이미 대부분 IPv6 기반으로 운영되고 있습니다. IPv6 보급 및 고도화 촉진 협의회가 조사한 자료에 따르면, NTT가 제공하는 FTTH 회선인 플레츠 광 넥스트에서 IPv6 보급률은 2021년 3월 기준으로 80.0%에 달했다고 합니다.

▼ 그림 2-44 플레츠 광 넥스트의 IPv6 보급률

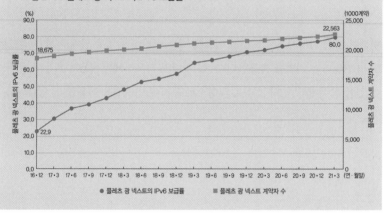

3^장

서버 형태를 알아보자

이 장에서는 서버의 용도와 구성, 형태를 소개합니다. 인터넷 보급
과 함께 서버의 설치 장소나 성능 등도 크게 달라졌습니다. 하드웨
어로서 서버와 서버를 제어하는 OS 종류 등도 알아 둡시다.

3.1 DMZ

1장에서 설명한 것처럼 서버와 네트워크의 사내 및 사외 네트워크 사이에 DMZ를 기본 구성으로 배치합니다. 여기에서는 DMZ를 자세히 설명합니다.

3.1.1 눈이 많이 오는 지역에서 집의 완충 지대란

여러분은 눈이 많이 오는 지역에 집 구조가 어떤지 알고 있나요? 눈이 많이 오는 지역에서는 현관문 바로 밖에 지붕으로 덮인 포치(porch)를 만듭니다. 이 포치는 집 안과 밖을 완충하는 역할을 하며, 현관문을 열 때 강한 바람이나 눈이 집 안으로 들어오는 것을 막아 줍니다. 또 포치에 눈을 치우는 삽이나 양동이 등 밖에서 사용하다가 젖은 물건을 놓아둘 수 있어 집 안이 젖지 않아 편리합니다.

▼ 그림 3-1 눈이 많이 오는 지역의 집 현관

완충 지대(현관 포치) 있음
- 눈이나 바람이 집 안으로 바로 들어오지 않는다
- 젖은 물건을 둘 수 있다 → 집 안이 젖지 않는다

완충 지대(현관 포치) 없음
- 눈이나 바람이 집 안으로 바로 들어온다
- 젖은 물건을 집 안에 둘 수밖에 없다

3.1.2 IT 세계에서 완충 지대란

눈이 많이 오는 지역에 있는 현관 포치처럼 IT 세계에서도 네트워크에 완충 지대를 둘 때가 많습니다. 이 완충 지대를 DMZ(De-Militarized Zone: 비무장 지대)라고 합니다.

눈이나 바람을 부정한 통신이나 공격적인 통신이라고 치면 집 안에 직접 눈이나 바람이 들어오지 않도록, 즉 중요한 서버가 배치된 네트워크에 부정 통신이나 공격적인 통신이 바로 들어오지 못하도록 DMZ를 배치하는 것입니다.

여기에서는 눈이 많이 오는 지역의 집 구조를 예로 들어 DMZ를 설명했는데, 원래 DMZ는 말 그대로 국제 조약이나 협정에 따라 무장이 금지된 구역 또는 지역으로 완충 지대와 의미가 같습니다.

▼ 그림 3-2 DMZ를 배치하는 의미

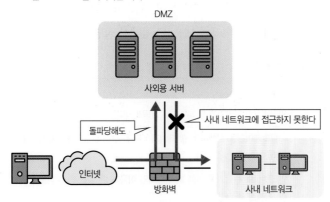

요약

▣ 눈이 많은 지역에 있는 현관 포치나 국제 조약, 협정으로 무장이 금지된 완충 지대처럼 네트워크에도 DMZ가 있다.

▣ 중요한 서버가 설치된 네트워크를 보호하려고 DMZ를 배치한다.

3.2 사외용 서버와 사내용 서버

방화벽으로 분리된 네트워크에서 서버는 DMZ 또는 내부 네트워크 중 하나에 설치합니다. 여기에서는 어느 서버를 어느 네트워크에 배치하면 적절한지 설명합니다.

3.2.1 DMZ에 설치하는 서버(사외용 서버)

일반적으로 인터넷에서 서비스를 제공하는 서버나 정보를 주고받는 서버는 DMZ에 배치하는 것이 바람직합니다. 예를 들어 다음 서버들은 DMZ에 배치되어야 합니다. 이 서버들에 관한 자세한 내용은 4장에서 설명합니다.

▼ 표 3-1 DMZ에 설치하는 서버와 기능

서버	기능
웹 서버	인터넷상의 단말기에 웹 페이지를 제공합니다.
웹 애플리케이션 서버	애플리케이션을 실행하여 웹 페이지 내용을 생성합니다(화면 표시는 웹 서버).
DNS 콘텐츠 서버	인터넷상의 단말기에 이름 해석(도메인 이름과 IP 주소 연결 정보를 관리) 기능을 제공합니다.
메일 서버	LAN 내부 단말기에서 인터넷상의 단말기에 이메일을 전송합니다.
SSL 서버	인터넷상의 단말기와 LAN 내부 기기 간 통신을 암호화합니다.
FTP 서버	인터넷상의 단말기에 파일 전송 기능을 제공합니다.

대규모 환경이라면 방화벽으로 분리된 DMZ에 서버를 여러 대 배치하지만, 소규모 환경이라면 서버 한 대가 방화벽과 서버 기능을 겸하기도 합니다. 하지만 이 경우는 DMZ를 구축했을 때보다 보안 수준이 떨어집니다.

3.2.2 내부 세그먼트에 설치하는 서버(사내용 서버)

서비스나 이용 환경에 따라 다르지만, 일반적으로 사내 네트워크에서만 서비스를 제공하는 서버는 내부 세그먼트에 설치하는 것이 바람직합니다. 해당되는 서버는 다음 표와 같습니다.

표에서 LAN 내(사내 네트워크 내) 장비와 사용자에게 서비스를 제공하는 서버임을 확인할 수 있습니다. 이 서버들에 관한 자세한 내용은 5장에서 설명합니다.

▼ 표 3-2 내부 세그먼트에 설치하는 서버와 기능

서버	기능
DNS 캐시 서버	LAN 내부 기기에 이름 해석(도메인 이름과 IP 주소 연결 정보를 관리) 기능을 제공합니다.
파일 서버	LAN 내부 기기에 파일 관리 서비스를 제공합니다.
프린터 서버	LAN 내부 기기에 인쇄 기능을 제공합니다.
디렉터리 서버	LAN 내부 사용자 정보를 관리합니다.
데이터베이스 서버	기업 내 중요한 데이터를 관리합니다.
그룹웨어 서버	LAN 내부 사용자에게 이메일이나 일정 관리 등 기업에 필요한 서비스 일체를 제공합니다.

앞의 표에 나열된 서버를 DMZ에 배치할 수도 있지만, LAN 내부에서만 서비스를 제공하므로 방화벽으로 엄격하게 통신을 제한해야 합니다. 어떤 이유로든 인터넷 밖에 있는 외부 컴퓨터와 연결되면 보안에 영향을 크게 받기 때문에 권장할 수 없습니다.

3.2.3 다양한 관점에서 고려한 보안 대책

네트워크 관점에서만 수립하는 보안 대책은 완전하다고 할 수 없습니다. 서버 자체의 보안이나 보안 대책은 통신 내용이나 사용자 이용 방식에 따른 보안 등 다양한 관점에서 고려하는 것이 중요합니다. 자세한 내용은 6장에서 설명합니다.

3.3 온프레미스형

서버를 구축하는 방법은 크게 두 가지가 있습니다. 온프레미스형과 클라우드형입니다. 여기에서는 온프레미스형을 설명합니다.

3.3.1 소유인가, 임대인가?

여러분이 사는 집은 자가인가요? 아니면 임대인가요? 나이, 가족 구성, 장소 등에 따라 다르겠지요. 자가 주택일 경우 어떤 상단섬이 있는지 생각해 봅시다.

자기 소유 주택이라면 집은 자신의 자산입니다. 그래서 벽에 구멍을 내거나 색을 바꾸는 등 집을 자유롭게 꾸밀 수 있습니다. 하지만 전근을 가게 되어 그 자산을 처분해야 하는 경우가 생길지도 모릅니다. 집을 부동산에 내놓거나 수리하는 등 이를 위한 준비는 꽤나 힘든 작업이 될 것입니다. 새 집에 입주할 때도 건축 시간을 고려하면 곧바로 대응하기 어려운 경우가 대부분입니다.

▼ 표 3-3 자가와 임대 어느 쪽을 선택할까?

구분	장점	단점
자가	• 자유롭게 꾸밀 수 있습니다. • 자산이 됩니다.	• 바로 입주할 수 없습니다(집을 짓는 시간이 필요). • 쉽게 이사할 수 없습니다. • 비쌉니다.
임대	• 바로 입주할 수 있습니다. • 바로 이사할 수 있습니다. • 일반적으로 자가보다 쌉니다.	• 자유롭게 꾸밀 수 없습니다. • 자기 자산이 되지 않습니다(집세만 나갈 뿐입니다).

3.3.2 온프레미스형이란

온프레미스형이란 조직 내 서버나 네트워크 등 정보 자산을 보유하고 운용하는 방법을 의미합니다. 앞서 설명한 자가 주택은 온프레미스형에 해당합니다.

▼ 표 3-4 온프레미스 = 자가 주택

종류	장점	단점
온프레미스 서버	• 자유롭게 구축할 수 있습니다. • 자산이 됩니다(운용 비용이 들지 않습니다).	• 바로 이용할 수 없습니다(구축이 힘듭니다). • 쉽게 중단할 수 없습니다. • 비쌉니다(초기 비용이 듭니다).

||

자가

온프레미스에서 정보 자산은 조직의 자산입니다. 따라서 자기 집처럼 구축이나 운영 등 모든 것을 자유롭게 할 수 있습니다. 그 대신에 모든 책임을 스스로 져야 합니다. 그 밖에도 초기 비용이 많이 들거나 자산을 폐기하거나 확장해야 할 때도 스스로 해야 하므로 많은 작업이 필요합니다.

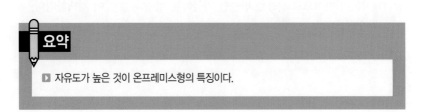

요약

▶ 자유도가 높은 것이 온프레미스형의 특징이다.

3.4 클라우드형

서버를 구축하는 방법은 온프레미스형과 클라우드형 두 가지가 있습니다. 집에 비유하자면 자가 주택이 온프레미스형이고, 여기에서 소개하는 클라우드형은 임대에 해당합니다.

3.4.1 임대 방식의 장점

임대 주택은 자가 주택과 장단점이 정반대입니다. 자가 주택처럼 자유롭게 리모델링을 할 수 없고, 자신의 자산도 될 수 없습니다. 하지만 주택을 소유하는 것보다 초기 비용이 많이 들지 않고, 입주와 이사도 일반적으로 월 단위라서 바로 입주하고 이사할 수 있습니다. 지불 방법도 월세 형태가 많습니다.

3.4.2 클라우드 방식의 장점

클라우드형이란 컴퓨터 등 정보 자산이 필요할 때, 필요한 만큼만 인터넷을 통해 서비스 형태로 사용하는 방식을 의미합니다. 앞서 언급한 주택의 소유와 임대를 예로 들면 임대에 해당합니다.

필요할 때 필요한 만큼 자산을 이용하는 것을 '온디맨드'라고 하는데, 온디맨드 방식에서는 일반적으로 사용한 만큼만 과금하는 '종량제'를 많이 채택합니다.

▼ 표 3-5 클라우드 = 임대

종류	장점	단점
클라우드 컴퓨팅	• 바로 이용할 수 있습니다. • 바로 중단할 수 있습니다. • 온프레미스보다 쌉니다(초기 비용이 거의 들지 않습니다).	• 자유롭게 구축할 수 없습니다. • 자기 자산이 되지 않습니다.

= 임대

> 필요할 때 필요한 만큼만 자산을 이용
> = 온디맨드
>
> 이용한 만큼만 과금
> = 종량제

클라우드에서 정보 자산은 자기 것이 아닙니다. 클라우드 서비스를 제공하는 사업자에게서 서비스 형태로 빌려 쓰는 것뿐입니다. 구축과 운용을 모두 자유롭게 할 수 없는 반면, 클라우드 사업자가 시스템 보안이나 성능을 책임지고 관리합니다. 따라서 구축할 때도, 운용할 때도 클라우드 사업자가 책임지는 부분은 자신이 직접 할 필요가 없으므로 운용 및 유지 보수 부담이 줄어든다는 것이 장점입니다.

3.4.3 클라우드형 서비스 모델

운영자가 제공하는 서비스 범위에 따라 클라우드 유형에는 세 가지 모델이 있습니다.

- SaaS(Software as a Service)
  서버 및 네트워크 같은 컴퓨터 자원부터 애플리케이션까지 모든 것을 사업자가 관리하고, 사용자는 이용만 하는 유형

- IaaS(Infrastructure as a Service)
  컴퓨터 자원만 사업자가 제공하는 유형

- PaaS(Platform as a Service)

  SaaS와 IaaS 중간에 위치한 유형

임대를 예로 들면, 일반적인 임대(건물만 빌리는 유형)는 IaaS, 가구가 포함된
임대는 PaaS, 가사 대행 서비스가 포함된 임대는 SaaS에 해당할 것입니다. 다
시 말해 제공하는 서비스 범위가 다릅니다.

❤ 그림 3-3 제공하는 서비스 범위에 따라 세 가지 모델로 구분

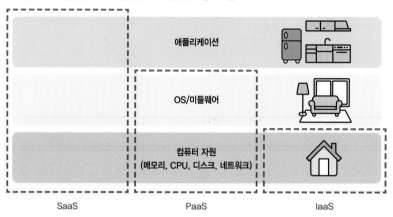

3.4.4 클라우드형과 온프레미스형의 대응

클라우드형에서도 서버 운용에 필요한 것은 온프레미스형과 같습니다. 클라우
드형에서는 서버 이외에 네트워크나 보안, 스토리지 등 서버 구축에 필요한 컴
포넌트가 제공됩니다. 필요한 컴포넌트만 선택해서 이용하면 됩니다.

❤ 그림 3-4 클라우드형도 온프레미스형도 같은 것을 이용할 수 있다

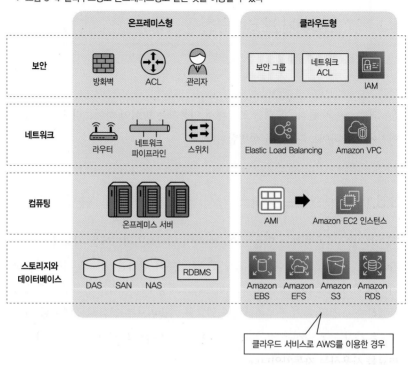

클라우드 서비스로 AWS를 이용한 경우

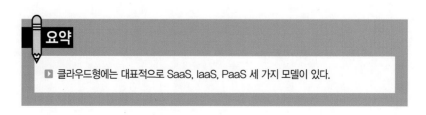

요약

▸ 클라우드형에는 대표적으로 SaaS, IaaS, PaaS 세 가지 모델이 있다.

3.5 하이브리드형

온프레미스형과 클라우드형을 조합해서 이용하는 방식이 하이브리드형입니다. 여기에서는 하이브리드형을 설명합니다.

3.5.1 하이브리드는 '여러 가지 방식을 조합한다'는 의미

'하이브리드 자동차'라는 말을 들어 본 적이 있나요? 과거에는 자동차가 주로 가솔린을 연료로 해서 움직였지만, 몇 년 전부터 전기를 연료로 사용하는 전기 자동차가 보급되고 있습니다. 하이브리드 자동차는 전기를 연료로 사용해서 주행하다 충전된 전기가 부족해지면 연료를 가솔린으로 전환해서 주행합니다. 즉, 두 가지 구동 방식을 결합하여 필요에 따라 가솔린과 전기로 바꾸어 가면서 연료를 사용하는 자동차입니다.

❤ 그림 3-5 '전기'와 '가솔린'을 조합해서 움직이는 하이브리드 자동차

가솔린   전기

3.5.2 시스템 구축에도 하이브리드형이 있다

3.3절과 3.4절에서 온프레미스형과 클라우드형을 설명했는데, 두 가지 모두 장단점이 있습니다. 각각의 장점을 최대한 활용할 수 있도록 온프레미스형과 클라우드형을 결합해서 시스템을 구축하는 방법을 하이브리드형이라고 합니다.

예를 들어 웹 서버는 클라우드 사업자의 서버를 이용하고(클라우드형) 데이터베이스 서버는 사내에서 자산으로 보유하는(온프레미스형) 방식이 하이브리드형입니다.

▼ 그림 3-6 온프레미스형과 클라우드형의 장점만 모은 하이브리드형

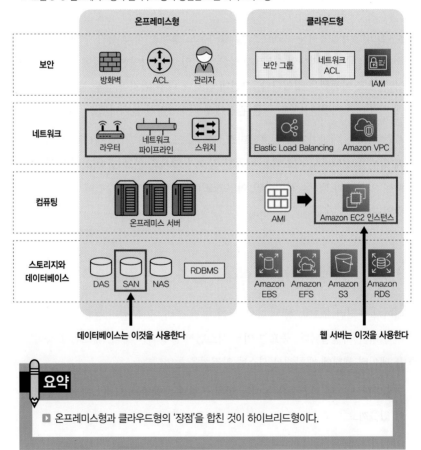

3.6 데이터 센터

지금까지는 서버를 구축하는 방식을 설명했습니다. 여기에서는 서버를 배치하는 물리적인 장소를 생각해 봅시다.

3.6.1 시스템 배치 장소

3.3절 및 3.4절에서 온프레미스 및 클라우드 형태를 각각 자가 주택과 임대 주택에 비유해서 설명했었죠? 각각 장단점이 있으며, 다양한 상황에 맞게 선택해야 한다고 이해했을 것입니다. 그런데 습지나 나무 위처럼 집을 불안정한 장소에 지었다면 어떨까요? 또 다른 관점에서 걱정거리가 늘어나겠죠.

시스템 또한 마찬가지로 온프레미스, 클라우드, 하이브리드 형태로 적절한 설계 방법을 선택해도 시스템을 배치할 장소가 열쇠도 없고 냉방도 되지 않는 오래된 아파트의 방 한 칸이라면 어떨까요? 발열이나 보안 측면에서 걱정이 될 것입니다.

3.6.2 시스템 자원을 안심하고 배치할 수 있는 데이터 센터

데이터 센터란 초고속 통신 회선, 자가 발전 설비, 공조 설비 등을 갖춘 내진성이 뛰어난 시설입니다. 중요한 업무 시스템이 운영되는 서버, 네트워크 장비 등을 데이터 센터에 배치해서 시스템 안전성을 높입니다.

그렇다면 시스템 안전성을 높이는 입지 조건과 제공하는 서비스에는 어떤 것들이 있을까요?

데이터 센터는 원칙적으로 다음 조건을 충족하는 곳에 짓습니다. 일본은 특히 지진이 많은데, 아무리 시스템 보안을 강화해도 정보 자산이 물리적으로 파손되면 의미가 없습니다. 물리적 보안을 담보할 수 있는 것이 입지 조건입니다.

- 지진 피해 우려가 적은 장소(활성 단층 부근은 피한다)
- 국가가 제공하는 생활 안전 지도에서 위험 지역이 아닌 장소
- 해일, 만조, 집중 호우 등 수해 위험성이 적은 장소
- 위험물 제조 시설이나 고압 가스 제조 시설 등이 근처에 없는 장소
- 장애가 발생하면 유지 보수원이 즉시 접근할 수 있는 장소

❤ 그림 3-7 안전하고 안심할 수 있는 장소에 데이터 센터 건설

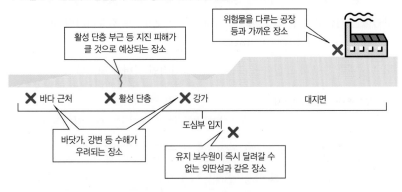

| 요약 |

▶ 서버와 네트워크 기기 등을 안심하고 안전하게 설치할 수 있는 장소가 데이터 센터다.

▶ 데이터 센터는 재해나 보안에 대해 다양한 관점에서 안전을 지키는 기술을 갖추고 있다.

3.7 서버 가상화

지금까지 서버를 구축하는 방법을 설명했습니다. 여기에서는 서버 가상화 기술을 생각해 봅시다.

3.7.1 서버 가상화란

가상화란 물리 서버에 독립된 OS와 애플리케이션을 가동시켜서 가상 서버를 구축하는 기술입니다. 일반적으로 서버에도 클라이언트 컴퓨터처럼 하나의 OS가 설치되고, 그 OS상에서 다양한 소프트웨어가 실행됩니다. 따라서 여러 용도로 서버를 운용하고 싶다면, 그 수만큼 물리적인 서버가 필요할 것입니다.

❤ 그림 3-8 서버 가상화 이미지

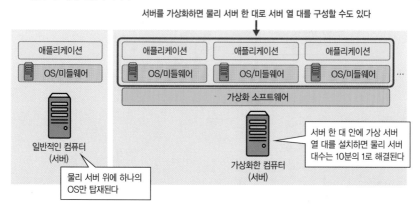

서버를 가상화하면 물리 서버 한 대로 서버 열 대를 구성할 수도 있다

애플리케이션
OS/미들웨어
일반적인 컴퓨터
(서버)
물리 서버 위에 하나의 OS만 탑재된다

애플리케이션 | 애플리케이션 | 애플리케이션
OS/미들웨어 | OS/미들웨어 | OS/미들웨어 …
가상화 소프트웨어
가상화한 컴퓨터
(서버)
서버 한 대 안에 가상 서버 열 대를 설치하면 물리 서버 대수는 10분의 1로 해결된다

서버를 가상화하면 물리 서버 한 대로 가상 서버 여러 대를 구축하여 각각 독립적으로 사용할 수 있습니다. 예를 들어 물리 서버 하나에 가상 서버 열 대를 구축하면 서버 100대를 준비할 때 필요한 물리 서버는 열 대가 됩니다. 다시 말해 서버 가상화로 물리 서버 개수가 10분의 1로 줄어드는 것입니다.

3.7.2 서버 가상화에서 중요한 용어

서버 가상화에서 사용하는 용어를 표로 정리했습니다.

▼ 표 3-6 서버 가상화에서 사용하는 용어

용어	의미
가상 머신(게스트 OS)	서버 가상화를 실현했을 때의 가상 서버로, Virtual Machine 또는 줄여서 VM이라고도 합니다.
물리 머신(호스트 OS)	서버 가상화를 실현했을 때의 물리 서버
가상화 레이어	서버 가상화를 실현하는 가상화 소프트웨어

▼ 그림 3-9 서버 가상화에 사용하는 주요 용어

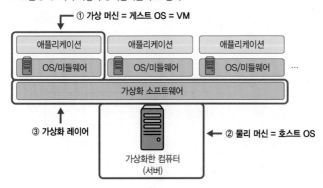

3.7.3 서버 가상화 장점

서버를 가상화하면 다음 장점이 있습니다.

비용을 줄일 수 있다

서버 여러 대를 가상화해서 통합하면 구매할 물리 서버 대수를 줄일 수 있고, 하드웨어 유지 보수 비용과 지원 비용도 줄일 수 있습니다.

서버 자원을 효과적으로 활용할 수 있다

예를 들어 주간에 부하가 걸리는 서버와 야간에 부하가 걸리는 서버를 같은 물리 서버에 가상 머신으로 구현해 두면 물리 서버의 자원을 효율적으로 활용할 수 있습니다.

효율적으로 운영할 수 있다

가상 머신은 쉽게 추가, 복제, 삭제할 수 있습니다. 물리 서버에서는 번거로운 시스템 백업이나 폐기 등을 버튼 하나로 실현할 수 있습니다.

자유롭게 스케일을 조절할 수 있다

사용자의 사용량에 따라 서버를 늘리는 것을 스케일 아웃, 줄이는 것을 스케일 인이라고 합니다. 물리 서버에서는 스케일을 쉽게 변경할 수 없지만, 가상 환경에서는 간단히 실현할 수 있습니다. 또 스케일링 작업도 자동화할 수 있어 안정된 성능의 시스템 인프라를 실현할 수 있습니다.

▼ 그림 3-10 서버 가상화의 장점

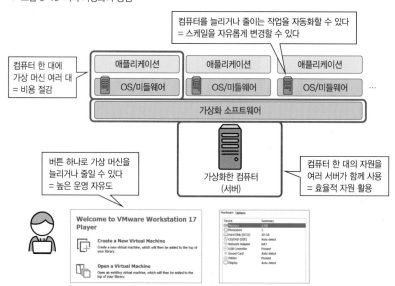

COLUMN 사내 네트워크와 클라우드 사업자 네트워크를 연결하는 경우

3.5절에서 하이브리드형을 소개했습니다. 일반적으로 하이브리드형을 선택하면 사내 네트워크와 클라우드 사업자 네트워크를 연결하는데, 각 노드끼리 연계해서 시스템을 가동할 때가 많기 때문입니다.

이 경우 사내 네트워크와 클라우드 사업자를 연결하는 네트워크는 인터넷을 이용해도 되지만, 보안 관점에서 대부분은 전용 네트워크를 부설합니다.

▼ 그림 3-11 사내 네트워크와 클라우드 사업자 네트워크의 접속

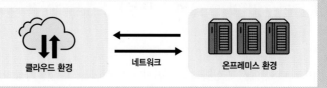

요약

▷ 가상화로 서버의 물리적인 대수를 대폭 줄일 수 있다.

▷ 가상화를 실현하는 물리 서버를 호스트라 하고, 가상화로 만들어진 가상 머신을 게스트라고 한다.

▷ 가상화로 서버의 물리적인 과제를 해결할 수 있다.

3.8 호스트형

서버 가상화에는 호스트형과 하이퍼바이저형 두 가지 구현 방법이 있습니다. 우선은 호스트형을 설명하겠습니다.

3.8.1 물리 서버의 OS상에 가상화 소프트웨어를 설치하는 유형

물리 서버의 OS상에서 가상화 소프트웨어가 작동하고, 그 위에 가상 머신을 구축하는 유형의 가상 환경을 호스트형이라고 합니다. 호스트형에서 가상화 소프트웨어는 OS상의 애플리케이션처럼 작동합니다. 비교적 쉽게 가상 환경을 도입하는 방법이라고 할 수 있습니다.

▼ 그림 3-12 호스트형 이미지

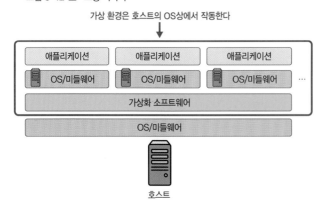

3.8.2 호스트형 장점

호스트형 가상 환경의 장점은 호스트 OS상에 애플리케이션처럼 가상 환경을 구축하므로 손쉽게 가상 환경을 이용할 수 있다는 것입니다.

예를 들어 평소 이용하는 윈도우 환경에서 리눅스를 사용하고 싶다면, 윈도우 애플리케이션 하나로도 용이하게 리눅스 환경을 준비할 수 있습니다.

❤ 그림 3-13 손쉽게 가상화 환경을 준비할 수 있는 호스트형

3.8.3 호스트형 단점

호스트형 단점은 오버헤드 때문에 성능이 저하되고 애플리케이션 동작이 불안 정해질 수 있다는 것입니다.

앞서 설명한 것처럼 호스트형은 OS상에 애플리케이션처럼 가상 환경을 구축합 니다. 예를 들어 가상 머신(VM)에서 CD를 읽을 때 가상 머신 → 호스트 OS → CD처럼 CD를 로드하는 동안 호스트 OS가 개입하기 때문에 오버헤드가 커집 니다. 즉, 어떤 원인으로 호스트 OS에 부하가 걸리면 모든 가상 머신이 영향을 받음과 동시에 호스트 OS의 다른 애플리케이션에도 영향을 미칩니다.

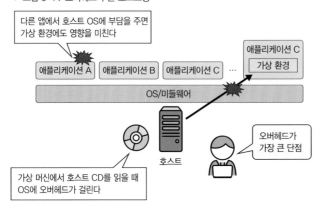

▼ 그림 3-14 오버헤드가 큰 호스트형

다른 앱에서 호스트 OS에 부담을 주면 가상 환경에도 영향을 미친다

애플리케이션 A 애플리케이션 B 애플리케이션 C ···

애플리케이션 C
가상 환경

OS/미들웨어

호스트

오버헤드가 가장 큰 단점

가상 머신에서 호스트 CD를 읽을 때 OS에 오버헤드가 걸린다

3.8.4 대표적인 호스트형 가상화 소프트웨어

대표적인 호스트형 가상화 소프트웨어로 오라클의 Oracle VM VirtualBox와 VMware의 VMware Workstation Player가 있습니다.

그림 3-15에서는 창이 네 개 열려 있습니다. 호스트 OS로는 윈도우 11, 호스트 OS상에서 메모장과 마이크로소프트 에지(Microsoft Edge), VMware Player(가상화 소프트웨어)를 이용한 CentOS 머신과 우분투 머신이 가동되고 있습니다. 이렇게 애플리케이션의 하나로 가상 환경을 이용할 수 있습니다.

가상 머신은 이렇게 동시에 여러 대를 구동할 수 있지만, 물리 머신의 CPU나 메모리 등 리소스 한계와 다른 애플리케이션의 리소스 사용량을 잘 고려해서 운영해야 합니다.

앞서 머신 대수를 늘려 시스템을 보강하는 스케일 아웃을 소개했습니다. 머신 대수를 늘리는 것이 아니라 각 머신 사양을 보강하는 것을 스케일 업, 반대로 사양을 낮추는 것을 스케일 다운이라고 합니다.

❤ 그림 3-15 호스트형 가상화 소프트웨어 이미지

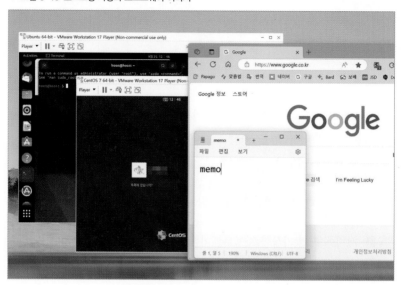

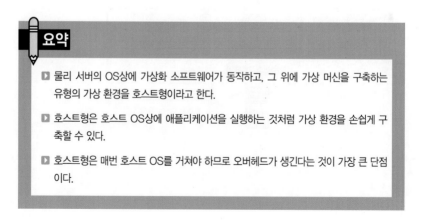

요약

▶ 물리 서버의 OS상에 가상화 소프트웨어가 동작하고, 그 위에 가상 머신을 구축하는 유형의 가상 환경을 호스트형이라고 한다.

▶ 호스트형은 호스트 OS상에 애플리케이션을 실행하는 것처럼 가상 환경을 손쉽게 구축할 수 있다.

▶ 호스트형은 매번 호스트 OS를 거쳐야 하므로 오버헤드가 생긴다는 것이 가장 큰 단점이다.

3.9 하이퍼바이저형

서버 가상화에는 호스트형과 하이퍼바이저형 두 가지 구현 방법이 있습니다. 이번에는 하이퍼바이저형을 설명하겠습니다.

3.9.1 물리 서버에 직접 가상화 소프트웨어를 도입하는 유형

물리적 서버에 직접 가상화 소프트웨어를 설치하고 그 위에 가상 머신을 구축하는 유형의 가상 환경을 하이퍼바이저형이라고 합니다.

하이퍼바이저형에서는 가상화 소프트웨어가 호스트의 OS를 대체하므로 가상화 소프트웨어 자체가 OS라고 할 수 있습니다. 기업에서 서버 가상화 환경을 도입할 때는 일반적으로 앞서 언급한 호스트형보다 하이퍼바이저형을 많이 사용합니다.

❤ 그림 3-16 하이퍼바이저형 이미지

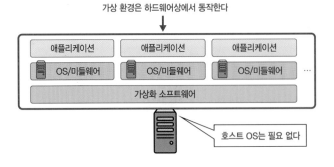

3.9.2 하이퍼바이저형 장점

하이퍼바이저형 가상 환경의 장점은 오버헤드가 적다는 것인데, '호스트에 OS 를 탑재하지 않고 가상 환경을 구축'하기 때문입니다.

예를 들어 가상 머신에서 CD를 읽을 때 호스트형 가상 환경처럼 OS를 거치지 않고 가상 머신에서 CD로 바로 접근하므로 호스트형보다 성능이 높습니다. 하이퍼바이저형에는 모놀리식 커널형과 마이크로 커널형 두 종류가 있는데, CD 등 디바이스에 연결하는 방식이 서로 다릅니다.

❤ 그림 3-17 하이퍼바이저형 장점

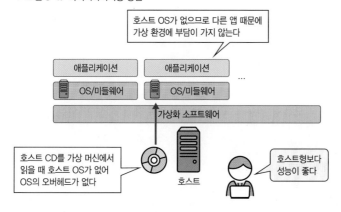

 요약

▶ 물리 서버상에서 가상화 소프트웨어가 작동하고 그 위에 가상 머신을 구축하는 방식 의 가상 환경을 하이퍼바이저형이라고 한다.

▶ 하이퍼바이저형은 호스트 OS를 거치지 않으므로 호스트 OS의 오버헤드와 다른 앱의 영향을 받지 않고 가상 환경을 작동시킬 수 있다.

3.10 서버 컨테이너

3.7~3.9절에서 서버 가상화를 설명했습니다. 여기에서는 서버 자체를 가상화하는 것이 아니라 사용하는 애플리케이션만 가상화하는 서버 컨테이너 방법을 소개합니다.

3.10.1 셰어하우스 장점

서버 컨테이너를 주거 형태에 비유하면 셰어하우스라고 할 수 있습니다. 셰어하우스에서는 주방이나 욕실 등 공용 부분을 혼자서 사용할 수 없는 대신, 청소의 번거로움이나 리모델링 비용을 고려했을 때 입주자가 직접 할 일은 많지 않습니다.

▼ 그림 3-18 서버 컨테이너를 셰어하우스에 비유

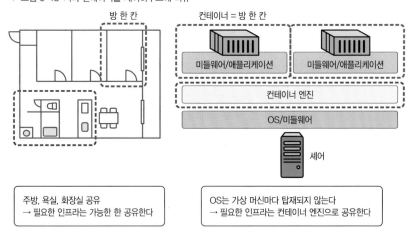

3.10.2 OS는 같아도 되지만, 미들웨어나 앱은 따로 준비하고 싶다

기존 서버 가상화는 호스트 한 대에 가상 머신 여러 대를 구축하여 비용 절감 및 운영 효율화 등을 실현했습니다. 가상 머신은 OS, 미들웨어, 애플리케이션을 모두 탑재해서 기기 자체를 가상화합니다. 예를 들어 다른 OS를 사용하고 싶거나 OS 레벨에서 설정을 커스터마이징하고 싶을 때 매우 유용한 방법이라고 할 수 있습니다.

반면 OS는 같이 써도 미들웨어나 애플리케이션은 독립적인 환경으로 준비하고 싶을 때가 있습니다. 이 경우 가상 머신에 OS를 탑재하지 않고 미들웨어와 애플리케이션만 따로 떼어 내어 가상화할 수 있습니다. 이런 기술을 서버 컨테이너라고 합니다.

서버 컨테이너 방식을 사용해도 서버 가상화로 얻을 수 있는 비용 절감, 운영 효율화 등 장점은 동일하게 누릴 수 있습니다. 서버 가상화와 차이점은 게스트에 OS를 탑재하는 여부입니다. 참고로 서버 컨테이너에서는 '가상 머신'에 해당하는 것을 컨테이너라고 부릅니다.

▼ 그림 3-19 서버 컨테이너 장점

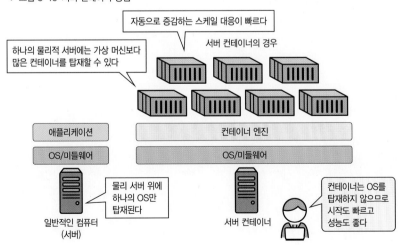

요약

▶ 물리 서버의 OS상에 컨테이너 엔진이 동작하고, 그 위에 컨테이너를 구축하는 유형의
가상 환경을 컨테이너 가상화라고 한다.

3.11 서버 OS

1.4절에서 소개한 대표적인 서버 OS에 관해 좀 더 자세히 설명하겠습니다.

3.11.1 서버 OS와 클라이언트 OS

OS(Operating System: 운영 체제)란 하드웨어를 조작하는 소프트웨어로, 서버 OS 와 클라이언트 OS로 크게 나닙니다. 서버 OS는 클라이언트 OS보다 안정적으로 가동할 수 있는 점이 특징입니다.

▼ 그림 3-20 서버 OS와 클라이언트 OS

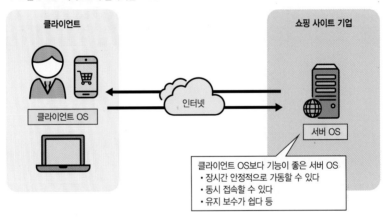

서버는 24시간 가동될 때가 많아 서버 OS가 동작 중인 상태에서 소프트웨어 업데이트를 할 수 있도록 되어 있고, 다수가 동시에 접속할 수 있게 지원하기도 합니다. 일반적으로 서버 OS가 클라이언트 OS보다 기능이 더 높다고 할 수 있습니다.

3.11.2 서버 OS의 두 종류

대표적인 서버 OS로 윈도우 계열과 리눅스 계열 두 종류가 있습니다. 대표적인 예와 특징은 다음 그림과 같습니다. 윈도우 계열의 서버 OS는 마이크로소프트에서 판매하는 유료 OS입니다. 리눅스 계열은 소스 코드가 오픈 소스이므로 원래 무료로 누구나 자유롭게 수정할 수 있습니다. 따라서 리눅스 계열에는 파생 OS가 다양합니다.

참고로 서버 OS로는 리눅스 계열이 윈도우 계열보다 높은 점유율을 차지합니다.

▼ 그림 3-21 윈도우 계열 OS와 리눅스 계열 OS의 차이

윈도우	
윈도우 서버 스탠더드 에디션, 윈도우 서버 데이터 센터 에디션 등	• 마이크로소프트가 판매하는 유료 OS다 • 윈도우 클라이언트 사용자가 다루기 쉽다 • MS 오피스 제품을 사용할 수 있고 윈도우 클라이언트 관리를 쉽게 할 수 있나

리눅스	
레드햇 엔터프라이즈 리눅스, CentOS, 우분투, 솔라리스 등	• 오픈 소스이므로 기본적으로 무료로 사용할 수 있다 • 일반 사용자는 명령어 조작을 다루기 어렵다 • 서버 OS로 점유율이 높다

요약

▶ 서버 OS는 클라이언트 OS보다 안정적으로 가동할 수 있다.

▶ 서버 OS에는 윈도우 계열과 리눅스 계열이 있다.

사용자 인터페이스(UI)는 사용자가 OS를 사용할 때 표시되는 화면으로, UI에는 'GUI (Graphical User Interface)'와 'CLI(Command Line Interface)' 두 종류가 있습니다.

'파일을 복사한다'고 하면 어떤 절차가 떠오르나요? 예를 들어 윈도우 계열 OS라면 파일을 마우스 오른쪽 버튼으로 누르고 [복사] 및 [붙여넣기] 메뉴를 선택하거나 드래그 앤 드롭으로 복사할 것입니다. 이처럼 인간이 시각적으로 이해하기 쉽게 화면을 표시하는 UI를 GUI라고 합니다.

반면 리눅스 계열 OS에서는 주로 터미널이라는 명령어 입력 화면에서 복사 명령어로 원하는 파일을 복사합니다. 이런 UI를 CLI라고 합니다. CLI는 엔지니어가 아닌 일반 사용자는 이해하기 어려운 방식이지만, 명령어로 조작을 자동화하거나 프로그램으로 실행시킬 수 있습니다.

▼ 그림 3-22 UI의 차이

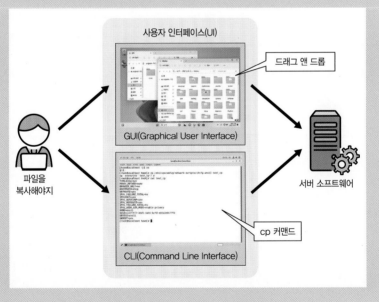

4 장

외부용 서버를
알아보자

이 장에서는 외부용 서버로서 웹 서버나 메일 서버 등 일상생활에서
무심코 이용하는 인터넷상의 대표적인 서버 구성이나 구조 등을 알
아보겠습니다.

4.1 웹 서버

웹 서버는 서버 중에서 가장 친숙합니다. 우선 웹 서버의 개요와 웹 페이지를 구현하는 소프트웨어를 소개합니다.

4.1.1 웹 서버

웹 서버는 웹 브라우저 요청에 따라 웹 페이지 파일(HTML), 이미지 등 정보를 제공하는 소프트웨어 또는 그 기능을 탑재한 컴퓨터를 가리킵니다.

웹 서버와 웹 브라우저는 HTTP나 HTTPS 프로토콜로 통신하고, 웹 브라우저는 웹 서버에서 전송된 HTML 파일이나 이미지를 사람이 보기 편한 형태로 번역해서 표시합니다.

▼ 그림 4-1 웹 시스템의 동작 방식

**웹 서버에서 전송되는 HTML 소스
(텍스트 파일)**

웹 브라우저 표시 이미지

인코딩(번역)

4.1.2 웹 서버를 구현하는 소프트웨어 예

2021년 12월 현재 시점에서 웹 서버 중 가장 큰 점유율을 차지하는 소프트웨어는 NGINX입니다. NGINX는 고속화, 경량화를 특징으로 하는 오픈 소스 소프트웨어입니다. 이외에도 기존에 가장 높은 점유율을 차지했던 오픈 소스 소프트웨어인 아파치 HTTP 서버, 마이크로소프트의 Internet Information Server(IIS), 오라클의 HTTP 서버 등이 있습니다. Internet Information Server(IIS)는 4.3절에서 설명하는 애플리케이션 서버 기능도 탑재하고 있습니다.

▼ 그림 4-2 대표적인 웹 서버 소프트웨어

아파치

NGINX

마이크로소프트 IIS

- 아파치
  https://httpd.apache.org/

- NGINX
  https://nginx.org/

- IIS
  https://www.iis.net/

요약

▷ 웹 서버는 클라이언트에 웹 페이지를 제공하는 서버다.

▷ 대표적인 서버 소프트웨어로 NGINX나 아파치 웹 서버가 있다.

4.2 웹 서버 통신

웹 서버와 클라이언트 통신에는 HTTP 요청과 HTTP 응답이 필요합니다. 여기에서는 웹 서버 통신을 자세히 설명합니다.

4.2.1 HTTP 요청과 응답

웹 서버와 클라이언트 통신은 '클라이언트 → 서버 방향의 HTTP 요청'과 '서버 → 클라이언트 방향의 HTTP 응답'으로 나뉩니다.

또 HTTP 요청은 요청 라인, 헤더 부분, 바디 부분으로 나뉘며 각각 다음 정보를 저장합니다.

❤ 표 4-1 HTTP 요청에 저장된 정보

정보	내용
요청 라인	• 메서드 이름, 대상 리소스의 URI, HTTP 버전 • 메서드에는 서버 정보를 얻을 수 있는 GET 메서드와 서버에 정보를 보내는 POST 메서드가 있습니다.
헤더 부분	클라이언트 수용 가능 유형 등 정보
바디 부분	서버에 보내는 정보

HTTP 응답은 상태 라인, 헤더 부분, 바디 부분으로 나뉘며 각각 표 4-2와 같은 정보가 저장됩니다.

현재 웹 시스템은 HTTP로는 거의 통신하지 않고 대부분 SSL/TLS를 이용하는 **HTTPS 프로토콜**을 사용합니다. HTTPS는 HTTP 통신과 달리 서버 인증과 클라이언트 인증, 메시지 암호화를 수행합니다. HTTPS를 이용하면 도청이나 스푸핑 등 공격을 방지할 수 있습니다.

▼ 표 4-2 HTTP 응답에 저장된 정보

정보	내용
상태 라인	요청 처리 결과를 나타내는 세 자리 숫자(100~199 정보 제공, 200~299 성공, 300~399 리다이렉트, 400~499 클라이언트 오류, 500~599 서버 오류)
헤더 부분	서버에서 보낸 정보 유형, 콘텐츠 크기, 갱신 일시 등
바디 부분	클라이언트가 지정한 URL 콘텐츠 정보

▼ 그림 4-3 HTTP 요청과 응답

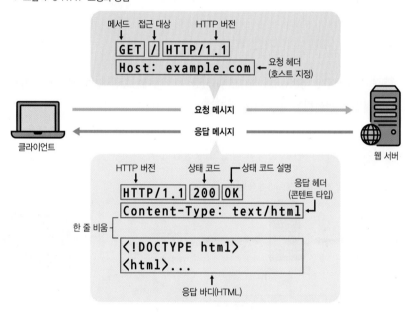

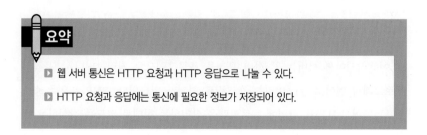

요약

▶ 웹 서버 통신은 HTTP 요청과 HTTP 응답으로 나눌 수 있다.

▶ HTTP 요청과 응답에는 통신에 필요한 정보가 저장되어 있다.

4.3 웹 애플리케이션 서버

웹 서버와 클라이언트 통신에서는 HTTP 요청과 HTTP 응답이 필요합니다. 여기에서는 웹 서버 통신을 자세히 설명합니다.

4.3.1 웹 애플리케이션 서버

웹 애플리케이션 서버는 웹 시스템의 사용자 인터페이스를 이용하여 주로 데이터베이스로 관리되는 데이터를 처리하는 서버입니다. 일반적으로 데이터베이스를 다룰 때는 데이터베이스 전용 명령어를 사용해야 하지만, 웹 시스템을 인터페이스로 사용하면 사용자 조작성이 향상됩니다.

▼ 그림 4-4 웹 애플리케이션 서버 동작 방식

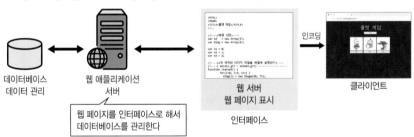

데이터베이스
데이터 관리

웹 애플리케이션
서버

웹 페이지를 인터페이스로 해서
데이터베이스를 관리한다

인코딩

웹 서버
웹 페이지 표시

인터페이스

클라이언트

4.3.2 웹 애플리케이션을 구현하는 소프트웨어 예

웹 애플리케이션 서버는 웹 서버 요청을 프로그램으로 처리합니다. 대표적인 프로그래밍 언어로는 PHP라는 스크립트 언어가 있습니다. PHP는 오픈 소스 소프트웨어고 HTML 파일에 프로그램을 삽입하는 형태로 코드를 작성하는 점이 특징입니다. PHP는 웹 서버 모듈로 작동하므로 웹 서버 소프트웨어와 조합하여 웹 애플리케이션 서버로 보는 경우가 많습니다.

프로그램 기능을 탑재한 오래된 소프트웨어로는 자바(Java)로 애플리케이션 서버를 구축하는 톰캣(Tomcat)이 있습니다. 톰캣에서는 예전에 자바 서블릿과 JSP(Java Server Pages) 기술을 사용했습니다. 서블릿은 애플리케이션 서버에서 동작하며, 클라이언트 요청에 따라 서블릿 컨테이너를 이용하여 프로그램을 실행합니다. 반면 JSP는 HTML 안에 자바 코드를 삽입하여 동적으로 웹 페이지를 생성합니다.

이외에도 최근 점유율이 높아진 NGINX의 애플리케이션 서버인 'Nginx Unit' 같은 제품이 있습니다. Nginx Unit은 PHP, 파이썬, 자바, Node.js 등 많은 언어를 지원합니다.

▼ 그림 4-5 자바 서블릿과 JSP의 동작

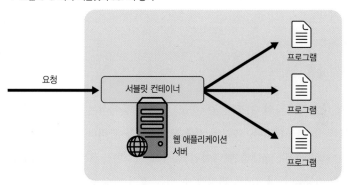

요약

▷ 웹 애플리케이션 서버는 웹 페이지에서 데이터베이스의 데이터를 다루는 서비스를 제공하는 서버다.

▷ 웹 애플리케이션 서버를 구현하는 대표적인 소프트웨어로 PHP나 톰캣이 있다.

4.4 3계층 클라이언트 서버 시스템

클라이언트-서버 시스템 구성을 독립적으로 3계층으로 구현하는 웹 서버가 주류입니다. 여기에서는 3계층 클라이언트-서버 시스템을 설명합니다.

4.4.1 3계층 클라이언트 서버 시스템이란

3계층 클라이언트 서버 시스템은 클라이언트 서버 시스템을 다음 세 가지로 구성한 시스템을 가리킵니다.

- 표현 계층
- 응용 계층
- 데이터 계층

표현 계층에서는 사용자의 GUI를 담당하고, 응용 계층에서는 업무 처리에 의존하는 데이터를 가공합니다. 데이터 계층은 데이터를 관리하는 곳으로, 데이터베이스를 처리합니다. 3계층 클라이언트 서버 시스템은 3계층으로 독립된 모델이며, 각 기능을 독립적으로 관리할 수 있는 것이 가장 큰 장점입니다. 독립적으로 관리함으로써 개발 작업이나 기능 확장 등을 효율적으로 수행할 수 있습니다.

4.4.2 웹 시스템의 3계층 클라이언트 서버 시스템

웹 시스템의 사용자 인터페이스를 이용하여 데이터베이스의 데이터를 처리하는 구조를 '3계층 클라이언트 서버 시스템'은 다음 세 가지로 구성합니다.

- 웹 서버

- 웹 애플리케이션 서버

- DB 서버

▼ 그림 4-6 3계층 클라이언트 서버 시스템

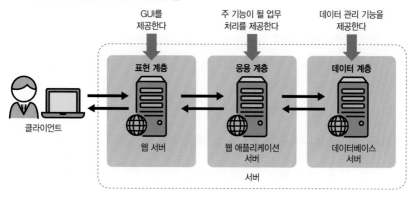

응용 계층이 서버 측에 위치할 때는 다음 장점이 있습니다.

- 애플리케이션 수정이 서버 측에서 끝납니다.

- 클라이언트 측은 화면 조작만 합니다.

- 처리 요청과 처리 결과에 관한 데이터만 통신하므로 네트워크 부하가 줄 어듭니다.

요약

▶ 웹 서버, 웹 애플리케이션 서버, 데이터베이스 서버는 각각 표현 계층, 응용 계층, 데이터 계층이라고 하는 '3계층 클라이언트 서버 시스템'이다.

4.5 DNS와 이름 해석

웹 서버로 하는 통신은 URL(도메인)을 이용합니다. DNS라고 하는 서버가 이름을 해석하여 URL을 IP 주소로 변환하면 통신할 수 있습니다.

4.5.1 이름이 IP 주소로 변환되어 통신을 시작

클라이언트가 웹 사이트에 접속하는 흐름을 생각해 보겠습니다.

클라이언트가 https://www.gilbut.co.kr에 접속하려면 이름에 해당하는 IP 주소를 먼저 조직 내 DNS 서버에 문의해야 합니다. DNS(Domain Name Service)는 URL이나 이메일 주소를 IP 주소로 변환하는 메커니즘이나 서버를 의미합니다.

▼ 그림 4-7 DNS 서버는 알 수 없는 정보를 다른 서버에 문의

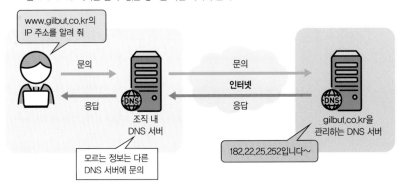

DNS 서버에 인터넷상에 있는 모든 정보가 설정되어 있는 것은 아니므로 모르는 IP 주소도 있을 수 있습니다. 이때는 그림과 같이 'gilbut.co.kr'을 관리하는 다른 DNS 서버에 문의해서 이름 해석을 시도합니다.

4.5.2 이름을 해석하는 메커니즘

DNS 서버가 어떻게 gilbut.co.kr을 관리하는 서버를 찾아내는지 좀 더 자세히 설명하겠습니다.

이름을 해석할 수 없었던 조직 내 DNS 서버는 이번에는 자신이 클라이언트가 되어 최상위 도메인을 관리하는 DNS 서버에 문의합니다. 최상위 도메인을 관리하는 서버를 **루트 DNS**라고 합니다. 루트 DNS에 gilbut.co.kr 도메인의 마지막 부분인 kr을 관리하는 DNS 서버 정보를 요청합니다. 다음에는 알아낸 DNS 서버에 co.kr을 관리하는 서버 정보를 요청합니다. 이 과정을 반복해서 gilbut.co.kr을 관리하는 서버를 찾아내는 것입니다.

▼ 그림 4-8 이름 해석 메커니즘

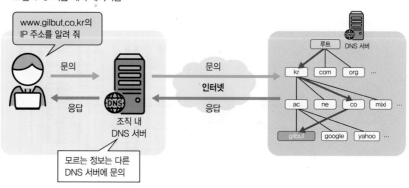

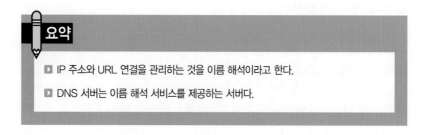

요약

▶ IP 주소와 URL 연결을 관리하는 것을 이름 해석이라고 한다.

▶ DNS 서버는 이름 해석 서비스를 제공하는 서버다.

4.6 DNS 서버의 종류와 소프트웨어

DNS를 이용하면 도메인 이름으로 쉽게 통신할 수 있습니다. 여기에서는 DNS를 구성하는 다양한 서버와 소프트웨어를 소개합니다.

4.6.1 DNS 콘텐츠 서버

DNS는 URL이나 이메일 주소를 IP 주소로 변환하는 메커니즘이었습니다.

❤ 그림 4-9 DNS 콘텐츠 서버 구조

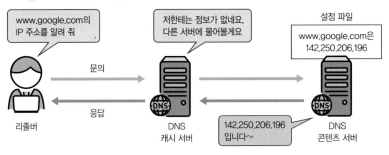

4.5절에서 설명한 것처럼 클라이언트 문의에 따라 IP 주소 정보를 반환하는 서버를 DNS 서버라고 합니다. DNS 서버에는 정보 그 자체가 있는 DNS 콘텐츠 서버와 질의한 정보의 메모만 있는 DNS 캐시 서버가 있습니다(DNS 캐시 서버는 5.2절에서 설명합니다).

4.6.2 기본 서버와 보조 서버

DNS는 웹 시스템 중에서도 메일 시스템에서 이용하며, DNS 서비스를 정지하면 사용자 생활에 큰 영향을 줍니다. 그러므로 '기본 서버'와 '보조 서버' 두 대로 DNS 서버를 구성할 때가 많습니다.

▼ 그림 4-10 기본 서버와 보조 서버

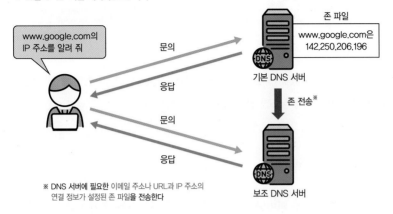

※ DNS 서버에 필요한 이메일 주소나 URL과 IP 주소의
연결 정보가 설정된 존 파일을 전송한다

4.6.3 DNS 서버를 실현하는 소프트웨어 예

대표적인 DNS 서버 소프트웨어로는 BIND(바인드), PowerDNS, NSD 등이
있습니다. 모두 오픈 소스 소프트웨어입니다.

BIND는 가장 많은 점유율을 차지하는 소프트웨어로, 리눅스 계열 OS에서 표
준으로 채택되고 있습니다. PowerDNS는 GUI로 관리할 수 있는 것이 특징입
니다. NSD는 다른 두 소프트웨어에 비해 속도가 빠르지만, 업데이트나 Q&A
서비스의 해외 지원이 약한 편입니다.

DNS 서버는 직접 구축하지 않고 인터넷 서비스 제공자 등이 제공하는 DNS 서
비스를 이용할 때도 많습니다.

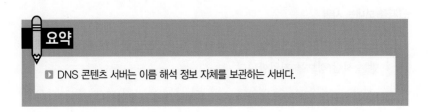

요약

▶ DNS 콘텐츠 서버는 이름 해석 정보 자체를 보관하는 서버다.

4.7 메일 서버

이메일은 모두 알고 있듯이 전자 우편으로 보급되었습니다. 이번에는 이메일을 송수신하는 서버를 알아보겠습니다.

4.7.1 편지가 전달되는 과정

이메일은 전자 편지를 의미합니다. 우선 편지를 주고받는 우편 시스템을 생각해 봅시다.

▼ 그림 4-11 편지를 보내는 과정

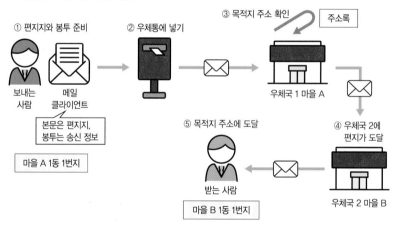

편지를 보내는 사람

① 본문을 작성한 편지지를 편지 봉투에 넣고, 편지 봉투에 보내는 사람과 받는 사람 정보를 기입합니다.

② 편지 봉투를 우체통에 넣거나 근처 우체국 1에 제출합니다.

우체국 직원

③ 편지 봉투에 적힌 주소를 보고, 목적지 주소를 관할하는 우체국 2를 알아냅니다.

④ 우체국 2로 편지가 배송됩니다.

⑤ 편지가 목적지 주소로 도달합니다.

4.7.2 메일 서버

일반적으로 이메일 송수신은 송신(SMTP)과 수신(POP3)을 나누어 생각할 필요가 있습니다. 앞서 설명한 편지를 보내는 과정과 마찬가지입니다.

▼ 그림 4-12 메일 서버 구조

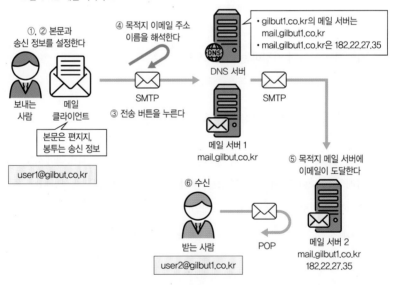

이메일을 보내는 사람

① 이메일을 작성하고 본문, 목적지 주소를 설정합니다.

② 전송에 필요한 정보가 이메일 소프트웨어에서 설정됩니다(보내는 사람 정보는 대부분 메일 소프트웨어 설정으로 자동으로 삽입됩니다).

③ 전송 버튼을 누릅니다.

메일 서버

④ 목적지 주소를 보고, 목적지 도메인에서 관리되는 메일 서버를 파악합니다(이 부분이 DNS에 의한 이름 해석과 MX 레코드 확인에 해당합니다).

⑤ 이메일이 목적지 도메인에서 관리되는 메일 서버에 도달합니다.

⑥ 이메일을 받는 사람은 원하는 타이밍에 이메일을 수신합니다.

메일 클라이언트에서 메일 서버로 이메일을 보내거나 메일 서버 간에 이메일을 전송할 때 사용되는 프로토콜은 SMTP입니다. 그리고 클라이언트가 서버에서 이메일을 받을 때 사용되는 프로토콜은 POP3입니다. MX 레코드는 DNS 서버에서 정의되는 도메인 정보 중 하나로, 도메인으로 오는 이메일을 어떤 메일 서버로 배달해야 하는지 지정하는 레코드입니다.

4.7.3 이메일 주소와 DNS 구조

4.5절에서 웹 서비스의 이름 해석 원리를 설명했습니다. 메일 시스템에서도 수신자 이메일 주소에서 서버 IP 주소를 구하고, DNS로 이름을 해석합니다. 이메일 주소는 대체로 '사용자 이름@도메인 이름(예 user@gilbut.co.kr)'으로 구성됩니다.

▼ 그림 4-13 이메일 주소 구조

DNS 서버에서 해석하는 이름은 '호스트 이름 + 도메인 이름'이므로, 원래는 이메일 주소에도 '사용자 이름@호스트 이름 + 도메인 이름'으로 써야 합니다. 호스트 이름을 생략할 수 있는 이유는 DNS 서버의 MX 레코드를 사용하여 대상 도메인의 메일 서버 이름을 가져올 수 있기 때문입니다.

4.7.4 이메일을 수신하는 프로토콜 POP와 IMAP의 차이

메일 서버에서 이메일을 가져오는(수신하는) 프로토콜에는 앞서 설명한 POP 외에 IMAP도 있습니다.

POP는 Post Office Protocol의 약어로, 우리말로 번역하면 '우체국 프로토콜' 입니다. 메일 스풀이라는 메일 서버 영역에 이메일을 저장해 두고, 사용자는 원하는 시간에 메일 스풀에서 이메일을 내려받습니다. 내려받은 데이터는 메일 스풀에서 삭제됩니다.

IMAP는 Internet Message Access Protocol의 약어로, 인터넷 메일에서 사용됩니다. POP와 다른 점은 POP는 이메일을 내려받아야 하는 반면, IMAP는 메일 서버에 이메일을 저장해 둔 채로 열람할 수 있다는 것입니다.

▼ 그림 4-14 POP와 IMAP의 차이

메일 서버

POP
이메일을 클라이언트에 내려받아 열람:
한 번 내려받으면 인터넷에 연결하지 않아도
이메일을 볼 수 있다

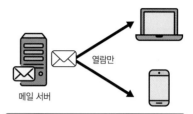

메일 서버

열람만

IMAP
이메일을 서버에 둔 채로 열람(내려받기도 가능):
같은 이메일을 다른 컴퓨터 등에서
공유할 수 있다

요약

▶ 메일 서버는 메일 서비스를 제공하는 서버다.

▶ 이메일을 송신하는 구조는 편지가 도착하는 흐름과 동일하며, 송신과 수신으로 나누어
이해할 필요가 있다.

4.8 FTP 서버

FTP 서버는 컴퓨터 간에 파일을 주고받는 서비스로, 인터넷 보급 초기 단계부터 있었던 기본적인 서비스입니다.

4.8.1 FTP는 파일 전송 서비스

FTP는 File Transfer Protocol의 약어로, 파일 전송을 목적으로 하는 서비스입니다. FTP는 익명 FTP 서비스로 공개 소프트웨어를 내려받는 시스템으로 사용되거나 웹 사이트로 콘텐츠를 전송하는 시스템 등으로 사용됩니다.

▼ 그림 4-15 FTP는 내려받기 기능 등으로 사용

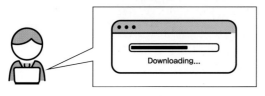

Downloading...

4.8.2 FTP 서버 관련 소프트웨어

FTP 서버를 구현하는 소프트웨어로 리눅스 계열에서는 vsftpd 소프트웨어가 있습니다. vsftpd는 CentOS나 Debian 등 여러 리눅스 배포판에서 표준 FTP 서버로 채택되었습니다. 윈도우 계열에서는 인터넷 정보 서비스(IIS)를 이용하여 간편하게 FTP 서버를 구축할 수 있습니다.

클라이언트 쪽에서 FTP를 조작하는 방법은 두 가지입니다. 커맨드라인을 사용하는 방법과 FTP 클라이언트 소프트웨어를 사용하는 방법입니다. 커맨드라인은 명령어 문자열을 입력하여 원하는 동작을 실행하는 방법으로, 전문 지식이 필요하고 다루기도 어렵기 때문에 보통 FTP 클라이언트 소프트웨어를 사용합니다. 대표적인 소프트웨어로 FFFTP나 WinSCP가 있습니다.

▼ 그림 4-16 FTP 클라이언트 소프트웨어

4.8.3 FTP 서버 통신

FTP는 TCP 프로토콜의 일종이지만, 다른 프로토콜과 달리 포트 두 개를 사용합니다. 제어용으로는 TCP 21번 포트가, 전송용으로는 TCP 20번 포트가 필요합니다. 통신 흐름은 다음과 같습니다.

① 클라이언트가 서버의 TCP 21번 포트에 접속하여 제어용 커넥션을 시작합니다.

② 클라이언트가 전송용 커넥션을 위한 포트를 준비하고 그 번호를 서버에 전달합니다.

③ 클라이언트는 서버에 파일 전송을 요청합니다.

④ 서버는 ②에서 전달받은 클라이언트의 포트에 접속해서 전송용 커넥션을 시작합니다(이때 서버 포트는 TCP 20번입니다).

⑤ 파일 전송이 시작됩니다.

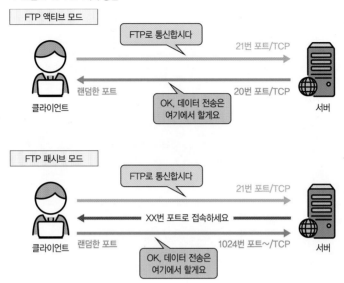

❤ 그림 4-17 FTP 서버 통신

통신 흐름의 ④에는 서버에서 클라이언트로 전송 커넥션을 시작하는 액티브 모드와 클라이언트에서 서버로 전송 커넥션을 시작하는 패시브 모드가 있습니다.

서버와 클라이언트 사이에서 NAPT 기능 등으로 IP 주소와 포트 번호가 변경되는 라우터를 경유하는 경우에는 액티브 모드로 동작하지 않을 수 있습니다.

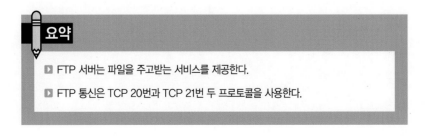

요약

▶ FTP 서버는 파일을 주고받는 서비스를 제공한다.

▶ FTP 통신은 TCP 20번과 TCP 21번 두 프로토콜을 사용한다.

5 장

내부용 서버를
알아보자

이 장에서는 회사 내에서 서비스를 제공하는 서버를 설명합니다. 사
내에서 서비스를 제공하는 서버는 인터넷과 직접 연결되지 않도록
내부 세그먼트에 배치해야 합니다. 중요한 데이터를 저장하는 서버
나 회사 내에서만 사용되는 계정 정보를 관리하는 서버 등 기업에
꼭 필요한 서비스가 많습니다.

5.1 DHCP 서버

IP 주소를 자동으로 할당하는 기능을 DHCP라고 합니다. 여기에서는 DHCP를
자세히 설명합니다.

5.1.1 IP 주소를 설정한 적이 있나요?

회사나 카페의 Wi-Fi나 유선 LAN에 자신의 단말기를 연결할 때 IP 주소를 수
동으로 설정해 본 적이 있나요? 2.8절에서 설명한 것처럼 인터넷에 연결되는
기기에는 IP 주소라는 고유한 주소가 자동으로 할당됩니다. 이 자동 할당 서비
스를 제공하는 서버가 바로 DHCP 서버입니다.

DHCP 서버에서 할당할 수 있는 정보는 IP 주소 외에도 서브넷 마스크, 기본
게이트웨이, DNS 서버 주소 등이 있습니다.

▼ 그림 5-1 DHCP 서버 기능

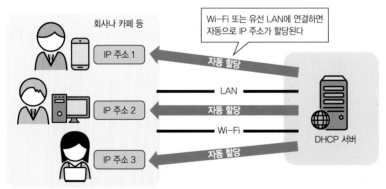

5.1.2 DHCP 서버 통신

DHCP 서버가 클라이언트에 IP 주소 정보를 할당할 때까지 통신 흐름을 다음 네 단계로 나눌 수 있습니다.

- **1단계. DHCP Discover**

  클라이언트가 DHCP 서버를 찾습니다.

- **2단계. DHCP Offer**

  서버가 클라이언트에 할당할 후보 정보를 제안합니다.

- **3단계. DHCP Request**

  제안된 정보 중 할당받고자 하는 정보를 요청합니다.

- **4단계. DHCP ACK**

  서버에서 정보가 할당됩니다.

DHCP 서버가 DHCP 클라이언트에 할당하는 정보는 이용할 수 있는 기간이 정해져 있습니다. 이 기간을 임대(lease)라고 합니다. 서버는 클라이언트의 임대 상황을 기록한 데이터베이스 파일을 가지고 있으며, 임대 시작과 종료 날짜, 임대 상태, 클라이언트가 사용하는 식별자 등 정보를 보관합니다.

▼ 그림 5-2 DHCP 서버 통신 과정

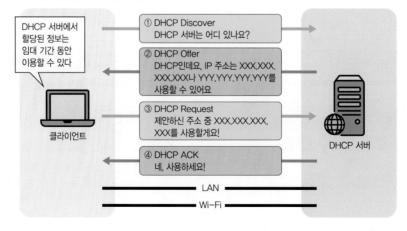

5.2 DNS 캐시 서버

DNS 캐시 서버는 클라이언트에서 DNS를 조회할 때 정보를 저장해 두는 곳으로, DNS 서버의 메모장 같은 역할을 합니다.

5.2.1 메모장은 언제 사용할까?

당신이 선생님이라고 가정해 봅시다. 수업을 진행할 때, 교탁에 좌석배치표를 붙여 두고 누가 어디에 앉아 있는지 파악한다면 학생들과 소통하는 데 도움이 될 것입니다. 좌석배치표에는 최소한의 학생 정보와 이름을 적어 놓습니다.

일일이 학생에게 이름을 물어보고 말을 걸어도 되는데 군이 왜 좌석배치표를 준비할까요? 자주 이용하는 정보, 이 경우에는 이름 같은 정보를 좌석배치표로 만들어서 가까이 두면 학생에게 직접 물어볼 때보다 원활하게 소통할 수 있을 것입니다.

▼ 그림 5-3 자주 사용하는 정보는 가까이에 메모로 남기기

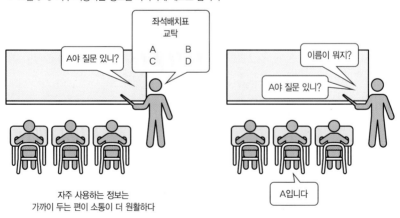

5.2.2 DNS 캐시 서버란

4.5절에서 설명한 것처럼 DNS란 URL이나 이메일 주소를 IP 주소로 변환하는 기술입니다. 그리고 DNS 서버에는 정보 그 자체가 있는 DNS 콘텐츠 서버와 문의한 정보를 메모해 둔 DNS 캐시 서버가 있습니다. 캐시 서버는 DNS 콘텐츠 서버에 문의(DNS 쿼리)해서 원하는 정보를 얻습니다. 그리고 획득한 정보를 내부 데이터베이스에 메모하듯 저장합니다.

이처럼 자주 이용하는 정보나 한 번 이용한 정보를 메모장처럼 보관함으로써 이름을 해석하는 응답 속도를 향상시키고 DNS 쿼리의 통신량을 줄일 수 있습니다.

▼ 그림 5-4 DNS 캐시 서버 동작 원리

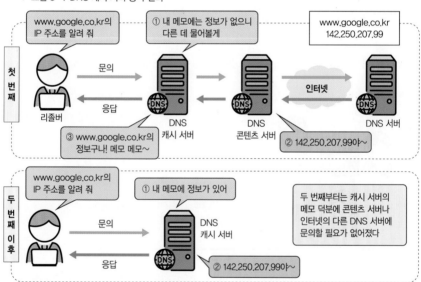

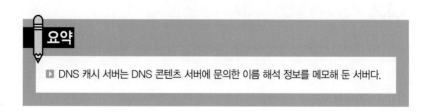

요약

▶ DNS 캐시 서버는 DNS 콘텐츠 서버에 문의한 이름 해석 정보를 메모해 둔 서버다.

5.3 파일 서버

네트워크를 경유해서 조직 내 여러 컴퓨터와 파일을 공유하는 데 사용하는 것이 파일 서버입니다. 여기에서는 파일 서버 기술을 설명합니다.

5.3.1 파일 서버

파일 서버는 여러 컴퓨터와 파일을 공유하거나 저장하는 데 이용됩니다. 클라이언트가 되는 컴퓨터는 PC, 태블릿, 스마트폰 등으로 다양하며, OS도 윈도우 계열, 리눅스 계열 등 여러 가지가 있습니다. 또 조직 내부뿐만 아니라 인터넷을 이용하여 외부와 파일을 공유하는 경우도 있어 활용 방법이 매우 다양합니다.

❤ 그림 5-5 파일 서버

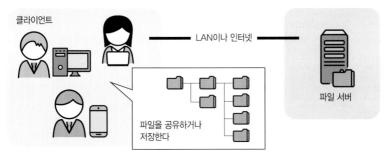

5.3.2 파일 서버와 스토리지

파일 서버는 네트워크를 통해 파일을 공유하고 저장하는 장치라고 설명했는데, 이는 어디까지나 일반 사용자용 서비스라고 할 수 있습니다. 사용자가 쉽게 이해할 수 있도록 데이터를 계층 구조로 저장하는 것이 특징이며, NAS(Network Area Storage)라고도 합니다.

한편 서버끼리 데이터를 공유하거나 백업 등으로 데이터를 저장할 때는 파일 서버가 아니라 디스크 집합체인 '스토리지'를 이용하는데, 이때 대부분 스토리지 전용 회선으로 연결됩니다. 파일 서버 기술보다 더 빠르게 데이터에 접근할 수 있기 때문입니다. 일반 사용자가 이용하는 네트워크와 별개로 스토리지 전용 네트워크를 구성할 때가 대부분으로, 이 구조를 SAN(Storage Area Network)이라고 합니다.

SAN과 NAS 특징을 비교해 보겠습니다.

▼ 표 5-1 파일 서버와 스토리지 비교

구분	SAN(Storage Area Network)	NAS(Network Attached Storage)
	• 스토리지 전용 '네트워크' • SAN을 경유해서 접속하는 스토리지 블록 접근 네트워크 스위치 스토리지 SAN 스위치	네트워크를 경유해서 접속하는 스토리지 파일 접근 네트워크 스위치 스토리지
장점	스토리지 전용 네트워크로 구성하여 빠르게 접속할 수 있습니다.	기존 LAN을 이용하기 때문에 도입 비용이 상대적으로 저렴합니다.
단점	• 전용 스위치, 전용 케이블이 필요하기 때문에 도입 비용이 비쌉니다. • 도입에는 고도의 전문 지식이 필요합니다.	기존 네트워크의 영향을 받기 때문에 네트워크 부하가 높아지면 속도가 느려질 수 있습니다.
프로토콜	• FC(파이버 채널) • FCoE(FC over Ethernet) • ISCSI	• CIFS • NFS

요약

▶ 파일 서버는 파일을 공유하고 저장하는 서비스를 제공하는 서버다.

▶ 파일 서버는 NAS라고도 하며, 더 빠르게 접근할 수 있는 SAN이라는 기술도 있다.

5.4 프린터 서버

컴퓨터로 처리한 결과를 종이로 출력하고 싶을 때 프린터를 사용합니다. 여기에서는 여러 컴퓨터에서 프린터를 사용할 수 있게 해 주는 기술을 설명합니다.

5.4.1 프린터

일반적으로 프린터는 PC 등에 연결하여 데이터를 종이에 인쇄하는 장치입니다. 비슷한 기기로는 복사기가 있습니다. 복사기는 복사를 목적으로 하는 기기를 의미합니다. 최근에 나오는 프린터는 복사할 수 있거나 사진 출력에 특화된 것, 종이에서 PC로 데이터를 가져오는 스캔 기능 있는 것 등 종류가 다양합니다.

▼ 그림 5-6 프린터

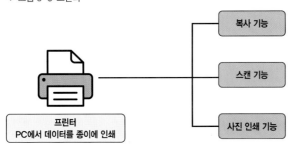

5.4.2 프린터 서버

프린터는 보통 USB 케이블로 PC와 연결해서 사용하는데, 그렇게 하면 클라이언트 한 대만 프린터를 사용할 수 있습니다. 현재 사무실이나 학교 등은 대부분 네트워크를 이용하는 환경이므로 프린터도 LAN에 연결하면 클라이언트 여러 대가 동시에 프린터를 이용할 수 있습니다. 이때 클라이언트 여러 대의 처리 요청을 모아서 정리하는 서비스를 제공하는 것이 프린터 서버입니다.

▼ 그림 5-7 프린터 서버

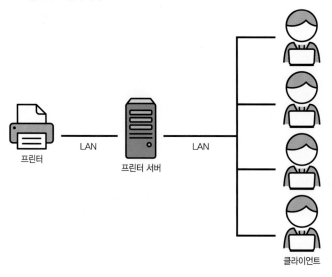

프린터 서버는 지금까지 소개한 서버처럼 윈도우나 리눅스를 이용해서 만들기보다는 기존 프린터 벤더에 맞게 이미 구축된 것을 구입하는 유형이 많습니다. 또 최근에는 프린터 서버가 내장된 프린터도 많이 있습니다.

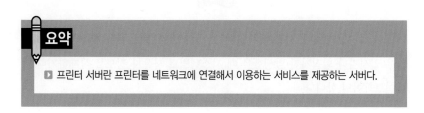

요약

▷ 프린터 서버란 프린터를 네트워크에 연결해서 이용하는 서비스를 제공하는 서버다.

5.5 디렉터리 서버

사용자나 조직을 관리하는 기능이 디렉터리 서버입니다. 일반 사용자용 서비스라기보다 관리자용 서비스라고 할 수 있습니다.

5.5.1 다양화되는 시스템과 사용자 정보

기업에는 메일 서버, 근태 관리 서버, 사내용 서버, 외부용 웹 서버, 사원 정보 관리 서버 등 시스템이 다양합니다. 각 서버에서는 사원 정보나 소속 부서 등 정보를 관리하고 있습니다. 또 서버 관리자는 애초에 어떤 장비가 네트워크상에 있는지도 관리해야 합니다.

❤ 그림 5-8 다양화되는 시스템과 사용자 정보

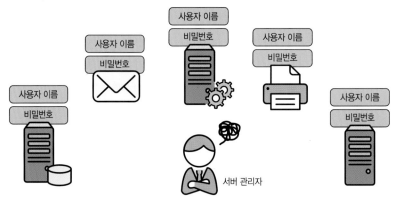

기업의 각 시스템에서 사용자 사원 번호, 비밀번호 정보 등을 제각각 관리하는 경우 입사자나 퇴직자가 발생했을 때 시스템별로 사용자 정보를 삭제하거나 업데이트해야만 합니다.

5.5.2 디렉터리 서버

디렉터리(directory)라는 단어는 주소록을 뜻합니다. 주소록이라고 하면 이름과 주소가 기재된 이미지가 떠오르지만, 디렉터리 서버는 소속이나 이름 등 사용자 정보 외에도 비밀번호, 사용자 데스크톱 정보, 네트워크에 연결된 컴퓨터 정보 등을 보관할 수 있습니다. 즉, 디렉터리 서버는 사용자 정보 데이터베이스라고 할 수 있습니다.

데이터베이스와 다른 점은 디렉터리 서버에서 갱신되는 정보는 변경되는 빈도는 낮은 반면, 열람되는 빈도는 훨씬 높다는 것입니다. 따라서 다음에 설명하는 통신 방식도 열람에 특화되어 있습니다. 디렉터리 서버를 이용함으로써 네트워크상의 정보를 하나로 관리할 수 있습니다.

▼ 그림 5-9 디렉터리 서버

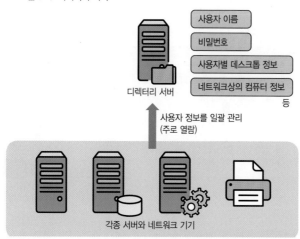

5.5.3 디렉터리 서버 통신

디렉터리 서버의 프로토콜로 널리 보급된 것은 LDAP(Lightweight Directory Access Protocol)입니다. 1988년 X.500이라는 디렉터리 액세스 프로토콜(Directory

Access Protocol, DAP)이 국제 표준으로 제정되었지만 동작이 무거운 프로토콜이어서 LDAP가 개발되었습니다.

LDAP는 매우 가볍게 구현된 것이 특징이며, 일반적으로 읽기 용도에 최적화되어 있습니다. 이외에도 벤더 고유의 프로토콜을 이용하는 것도 있습니다.

5.5.4 주소록 데이터 관리 방법(데이터 구조)

LDAP의 데이터 구조에 관해 생각하기 전에 주소록의 데이터 관리 방법을 알아봅시다. 주소록에는 다음 그림과 같이 다양한 사람의 이름, 주소, 전화번호 등 정보가 사람별로 실려 있습니다.

▼ 그림 5-10 주소록의 데이터 관리

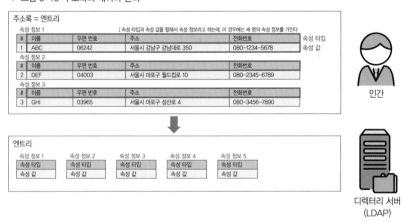

LDAP에서는 엔트리 단위로 다양한 데이터를 관리합니다. 엔트리는 여러 속성 정보로 구성되는데, 속성 정보는 '속성 타입'과 '속성 값'으로 나눌 수 있습니다. 주소록을 예로 들면 다음과 같습니다.

- 속성 정보 → 각 사람의 정보
- 속성 타입 → 이름, 주소, 전화번호 등 항목

- 속성 값 → 김철수, 서울시 마포구 월드컵로, 000-0000-0000 등 정보 자체

5.5.5 자주 사용되는 데이터 구조

트리 구조로 구성된 것도 엔트리 특징입니다. 자주 사용되는 속성 타입과 트리 구조는 다음 그림과 같습니다. 다음 그림은 gilbut.co.kr이라는 도메인 조직을 관리하는 예입니다.

▼ 그림 5-11 LDAP의 속성 타입과 트리 구조

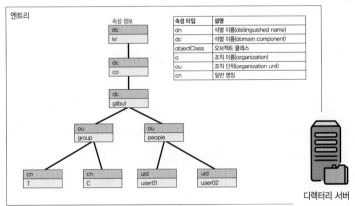

속성 타입	설명
dn	식별 이름(distinguished name)
dc	식별 이름(domain component)
objectClass	오브젝트 클래스
o	조직 이름(organization)
ou	조직 단위(organization unit)
cn	일반 명칭

5.6

데이터베이스 서버

데이터를 관리하고 사용하는 데 필요한 서비스를 제공하는 것이 데이터베이스 서버입니다. 여기에서는 우리가 의식하지 않은 채 자주 사용하는 데이터베이스 서버를 설명합니다.

5.6.1 데이터베이스 서버

데이터베이스는 다양한 데이터를 관리하고 쉽게 이용할 수 있게 해 주는 시스템입니다. 예를 들어 온라인 쇼핑 시스템에서는 고객 데이터, 상품 데이터 등을 다룰 필요가 있습니다.

고객별로 이름, 주소, 신용 카드 정보, 로그인 날짜, 시간 등 다양한 데이터를 관리해야 하는데, 고객 수가 수천수만 명으로 늘어나면 그만큼 고객 데이터양도 많아질 수밖에 없습니다.

▼ 그림 5-12 데이터베이스 서버

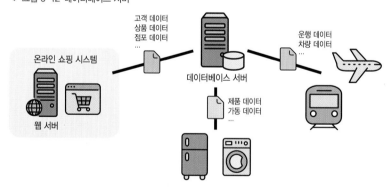

이런 데이터를 시스템 용도에 맞게 검색, 수정하거나 신규 등록하는 등 다양한 처리를 효율적으로 수행할 필요가 있습니다. 최근 주목받고 있는 IoT(Internet of Things)에서는 가전제품, 기차, 비행기 등 다양한 사물이 인터넷에 연결되어 있으므로 데이터를 수집하고 분석하려면 항목, 데이터 종류, 용량이 제각각인 데이터를 관리해야 합니다.

5.6.2 데이터베이스 종류

앞서 언급한 것처럼 데이터는 종류가 다양하므로 취급하는 데이터 특성에 따라 데이터베이스를 분류할 수 있습니다. 대체로 정해진 항목, 정해진 양의 데이터를 처리한다면 표 형식으로 관리하는 것이 적합합니다. 이런 관리 방식의 데이터베이스를 관계형 데이터베이스라고 합니다. 관계형 데이터베이스에서 다루는 데이터는 테이블, 레코드, 열로 정리된 구조화 데이터입니다.

반면 항목도 데이터양도 다양한 데이터를 관리하는 데이터베이스를 비관계형 데이터베이스라고 합니다. 비관계형 데이터베이스에서 다루는 데이터를 비구조화 데이터라고 합니다.

▼ 그림 5-13 데이터베이스 종류

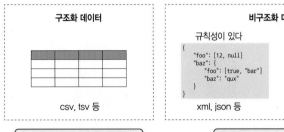
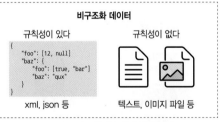

 요약

▷ 데이터베이스에는 구조화 데이터를 관리하는 '관계형 데이터베이스'와 비구조화 데이터를 관리하는 '비관계형 데이터베이스가' 있다.

5.7 그룹웨어 서버

기업 등 조직에 필요한 서비스를 모아서 제공하는 것이 그룹웨어 서버입니다.
구성원이 많은 조직에 편리한 서비스라고 할 수 있습니다.

5.7.1 조직 내 커뮤니케이션 문제

많은 인원이 모이는 기업이나 학교 등 조직에서 커뮤니케이션을 할 때 어떤 문제가 있을까요? 'A의 스케줄은 어떻게 되어 있을까?', 'B가 출장을 가면 좋겠다', '회의실은 비어 있을까?' 등 필요한 정보를 확인하려고 일일이 상대에게 물어보는 일은 매우 번거롭습니다. 이메일이나 전화를 사용하는 방법도 고려해 볼 수 있지만, 커뮤니케이션 상대가 여러 명이라면 일일이 이메일을 보내거나 전화를 거는 일도 마찬가지로 매우 번거롭습니다.

▼ 그림 5-14 조직 내 커뮤니케이션 문제

5.7.2 그룹웨어 서버

그룹웨어란 그룹 소프트웨어를 의미하며, 그룹웨어 서버는 기업에서 필요한 소프트웨어를 모아서 제공하는 서버를 의미합니다. 대표적으로 다음 기능이 있습니다. 이용하고 싶은 기능만 선택해서 도입합니다.

❤️ 표 5-2 대표적인 그룹웨어 기능

기능	내용
스케줄 관리	스케줄을 등록하고 공유할 수 있습니다.
게시판	하나의 게시물에 여러 사람이 의견을 교환할 수 있습니다.
시설 예약	회의실 등 시설을 예약하거나 예약 상황을 확인할 수 있습니다.
메시지	이메일이나 채팅 등 기능을 사용할 수 있습니다.
근태 관리	출퇴근 시간을 기록하여 근태 관리를 자동으로 집계할 수 있습니다.
워크플로	각종 수속을 신청하고 승인할 수 있습니다.

❤️ 그림 5-15 그룹웨어 서버란

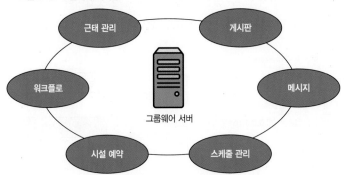

그룹웨어 서버를 도입하는 형태로 클라우드형과 온프레미스형이 모두 존재합니다. 조직에 따라 필요한 기능이나 비용 대비 효과 등이 달라지므로 다양한 측면에서 도입 형태를 고려해야 합니다.

대표적인 그룹웨어로 마이크로소프트가 제공하는 클라우드형 그룹웨어인 'Office365', 구글이 제공하는 '구글 스위트' 등이 있습니다. 자체적으로 구축하지 않고 서비스를 이용하는 형태가 주류라고 할 수 있습니다.

5.8 버전 관리

회사에서 일을 할 때 파일 하나를 여러 사람이 조작하거나 공유해야 하는 경우가 있습니다. 여기에서는 파일 관리 시스템인 버전 관리를 설명합니다.

5.8.1 여러 사람이 파일을 공유할 때 문제점

기업이나 학교 등 어떤 조직에서 작업할 때 파일 하나를 여러 사람과 공유하며 작업하는 경우가 있습니다. 이때 어떤 파일이 최신 파일인지, 어떤 편집 이력이 있는지 알 수 있도록 관리하는 것을 버전 관리라고 합니다.

버전 관리 시스템이 없다면 '졸업논문_20220118.txt'처럼 직접 파일 이름에 날짜를 넣거나 어떤 파일인지 알 수 있는 파일 이름을 붙일 것입니다. 하지만 수작업으로 버전을 관리할 때는 다음 문제점이 있습니다.

❤ 그림 5-16 버전 관리 문제점

- 파일 이름을 잘못 설정하거나 설정을 잊으면 어느 것이 최신 파일인지 알수 없습니다.

- 파일 하나를 여러 사람이 편집하면 정합성을 유지하기 어렵습니다.

- 틀린 내용으로 갱신해 버리면 원래 상태로 되돌아갈 수 없습니다.

5.8.2 버전 관리 시스템이란

버전 관리 시스템은 파일 변경 이력을 저장하고 관리하는 데 필요한 서비스를 제공합니다. 시스템 개발 현장이라면 '프로그램 소스 코드'나 '각 서버의 설정 파일'이 관리 대상이 됩니다.

버전 관리 시스템은 수작업으로 발생하는 문제를 해결하려고 주로 다음 세 가지 기능을 제공합니다.

- 파일 변경 이력을 저장합니다(언제 누가 어떤 목적으로 어떤 변경을 했는지 기록할 수 있습니다).

- 필요하면 과거 상태로 돌아갈 수 있습니다.

- 여러 사람이 작업한 결과를 병합할 수 있습니다.

▼ 그림 5-17 버전 관리에서 제공하는 기능들

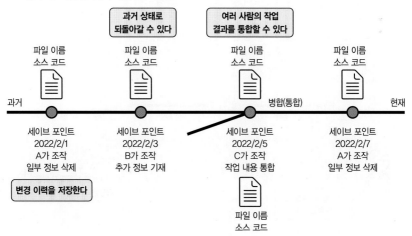

시스템 개발 현장에서는 여러 프로젝트 팀원이 하나의 소스 코드를 작성하고 수정하므로, 버전 관리 시스템을 활용하면 시스템 개발을 매우 효율적으로 진행할 수 있습니다.

5.8.3 기본 사용 방법

버전 관리 시스템을 사용하는 방법을 설명합니다.

① 사용자가 파일을 작성하거나 수정합니다.

　→ 이 작업 장소를 **워크트리**(work tree)라고 합니다.

② 파일을 버전 관리 시스템이 관리하는 임시 영역에 배치합니다.

　→ 이 임시 영역을 **인덱스**(index)라고 합니다.

③ 인덱스에 배치된 파일에 대해 세이브 포인트를 설정합니다(이때 '언제 누가 무슨 목적으로 작업했는지' 기록합니다).

　→ 세이브 포인트를 설정하는 조작을 **커밋**(commit)이라고 합니다.

④ 커밋된 파일은 버전 관리 시스템이 관리하는 영역에 배치됩니다.

　→ 이 영역을 **리포지터리**(repository)라고 합니다.

▼ 그림 5-18 기본 사용 방법

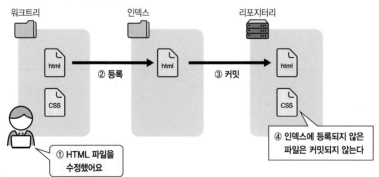

버전 관리 시스템은 커밋한 시점의 정보를 기록하므로, 파일을 과거 상태로 되돌릴 때 과거에 커밋한 포인트를 선택하면 그 정보로 되돌아갑니다.

5.8.4 여러 사람이 사용하는 방법

버전 관리 시스템이 관리하는 영역을 리포지터리라고 하는데, 이 리포지터리는 전용 서버에 배치할 수도 있고 자신의 컴퓨터에 배치할 수도 있습니다. 전용 서버에 배치해서 여러 사람이 공유하는 리포지터리를 원격 리포지터리, 사용자 개개인이 이용하려고 자신의 컴퓨터에 배치한 리포지터리를 로컬 리포지터리라고 합니다.

리포지터리를 생성하거나 업데이트할 때는 이미 있는 리포지터리를 복제(clone: 클론)하거나 다른 리포지터리의 변경 사항을 확인하고 가져오는(fetch: 페치) 작업을 수행합니다.

▼ 그림 5-19 리포지터리의 구성(분산 관리 시스템)

클론/페치

원격 리포지터리
(전용 서버에 저장)

로컬 리포지터리
(로컬 컴퓨터에 저장)

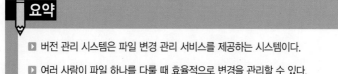

요약

▶ 버전 관리 시스템은 파일 변경 관리 서비스를 제공하는 시스템이다.

▶ 여러 사람이 파일 하나를 다룰 때 효율적으로 변경을 관리할 수 있다.

COLUMN DNS 캐시 포이즈닝

DNS 캐시 서버는 이름을 해석하려고 자신이 클라이언트가 되어 상위 도메인을 관리하는 DNS 서버에 이름을 조회하는 동작을 합니다. 이때 DNS 클라이언트가 된 서버는 질의에 응답하는 내용과 관계없이 가장 먼저 받은 것을 정보로 캐시에 기록합니다. 즉, 처음 받은 정보가 무엇이든 신뢰해 버립니다.

정상적인 상위 DNS 서버가 응답하기 전에 가짜 정보를 전송하여 표적으로 삼은 DNS 캐시 서버에 위조된 정보를 써넣는 것을 'DNS 캐시 포이즈닝 공격'이라고 합니다. 다시 말해 DNS 캐시에 독을 뿌린다(포이즈닝)는 뜻입니다.

DNS 캐시 포이즈닝의 흐름
① DNS 캐시 서버가 상위 DNS 서버에 이름을 조회합니다.
② 공격자는 가짜 정보에 ①의 조회에 사용된 ID와 동일한 ID를 부여합니다.
③ ①의 조회에 사용된 UDP 포트로 전송합니다.
④ ①의 질의에 응답하는 것보다 더 빨리 가짜 정보를 응답으로 보냅니다.
⑤ DNS 캐시 서버는 ④에서 얻은 가짜 정보를 조회 결과로 수신합니다.

❤ 그림 5-20 DNS 캐시 포이즈닝

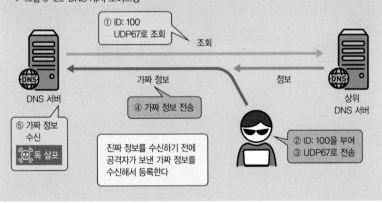

6장

서버 보안을
알아보자

내부용 서버든 외부용 서버든 간에 각각 취급하는 데이터는 보안을
보장해야 합니다(기밀성). 또 이용하고 싶을 때 이용할 수 있도록 준
비해 둘 필요가 있으며(가용성), 데이터 손실 없이 서비스를 제공할
수 있어야 합니다(무결성). 이런 기밀성, 가용성, 무결성 세 가지 측
면을 보안의 3요소라고 합니다. 이 장에서는 서버 보안을 확보하는
방법을 설명하겠습니다.

6.1 보안 리스크

정보 보안을 고려할 때 어떤 관점에서 보안을 생각하면 좋을지 설명합니다.

6.1.1 보안 리스크

보안 리스크(risk)는 시스템에 부정적인 영향을 미칠 가능성을 의미합니다. 어디까지나 가능성이므로 잠재적인 문제라고 할 수 있습니다. 반면 실제로 부정적인 영향을 미치는 사건이 발생하는 것을 인시던트(incident)라고 합니다.

정보 보안을 다루는 엔지니어는 리스크 예방과 인시던트 대응 두 가지를 모두 수행해야 합니다.

▼ 그림 6-1 리스크와 인시던트

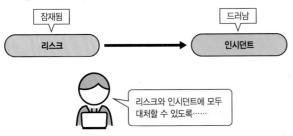

6.1.2 온라인 쇼핑 시스템의 보안 리스크

온라인 쇼핑 시스템에서 부정적인 영향을 미칠 가능성에 어떤 것이 있을까요? 서버 측과 서버 간 네트워크로 나누어 생각해 봅시다. 예를 들어 다음 리스크를 들 수 있습니다.

보안 리스크 예

- 통신을 암호화하지 않아서 발생하는 신용 카드 정보 도청

- 통신 제어를 하지 않아서 발생하는 서버 해킹

- 온라인 쇼핑 시스템 프로그램의 버그로 바이러스 감염

- 서버를 둔 장소가 물리적으로 공격당해 서비스 정지

- 서버를 운영하는 인원의 보안 교육 부족으로 정보 유출

앞과 같이 도청, 사칭, 서비스 방해, 정보 유출 등의 가능성을 가리켜 '보안 리스크'라고 합니다.

▼ 그림 6-2 온라인 쇼핑의 보안 리스크

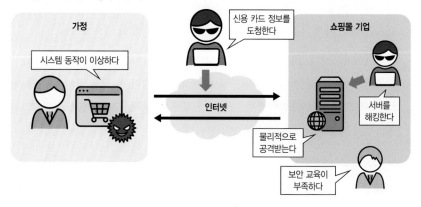

요약

▶ 보안 리스크란 시스템에 부정적인 영향을 미칠 가능성을 의미한다.

▶ 인시던트란 리스크가 노출되어 부정적인 영향이 발생한 사건을 의미한다.

▶ 엔지니어는 보안 리스크와 인시던트라는 두 가지 관점에서 보안 대책을 고려할 필요가 있다.

6.2 취약점과 위협

취약점과 위협을 설명합니다. 그리고 보안 리스크에 어떻게 대응해야 하는지 소개합니다.

6.2.1 보안으로 지켜야 하는 대상

시스템에 부정적인 영향을 미칠 가능성을 보안 리스크라고 합니다. 보안을 고려해야 하는 대상인 '시스템'이란 구체적으로 어떤 자산을 가리킬까요?

여기에서 부정적인 영향이란 직접적으로는 자산 가치 손실뿐만 아니라, 간접적으로는 기업이나 서비스의 신뢰성 손실 등도 가리킵니다. 다음 표에 정리한 대로 소프트웨어나 하드웨어뿐만 아니라 거기에서 다루는 정보, 관련된 사람, 서비스까지 보호해야 하는 대상에 포함됩니다.

▼ 표 6-1 시스템 종류와 예

종류	예
소프트웨어	데이터베이스, 데이터 파일, 설계서 등
하드웨어	컴퓨터, 통신 장비, 기억 매체 등
서비스	전원, 난방, 조명, 통신망 등
사람	사람 자체

온라인 쇼핑을 예로 들면 서버, 네트워크, 온라인 쇼핑에서 주고받는 신용 카드 정보, 사용자 정보 등 다양합니다.

6.2.2 보안 리스크 구성

'시스템에 부정적인 영향을 미친다'는 것은 바꾸어 말하면 '시스템이 안고 있는 결함이 어떤 원인으로 드러나 정보 자산이 위협받는다'는 의미입니다. 정보 보안에서는 이 결함을 취약점, 결함을 공격하는 것을 위협이라고 합니다.

앞 사례에서는 '암호화되지 않은 통신(취약점)을 악의가 있는 사람이 도청(위협)해서 고객 정보(자산)가 도난당한다'는 식으로 구성할 수 있습니다. 결국 취약점을 얼마나 적게 만드느냐가 정보 보안 대책의 핵심이라고 할 수 있습니다.

▼ 그림 6-3 리스크 = 위협 × 취약점 × 자산

위협	취약점	자산
도둑이 침입하기 쉬운 집을 찾아 물건을 훔치려고 한다	1층 창문은 셔터가 없어 쉽게 침입할 수 있을 것 같다	집 안에는 도난당하고 싶지 않은 자산이 있다

요약

▷ 정보 자산은 소프트웨어와 하드웨어뿐만 아니라 사람이나 서비스도 포함된다.

▷ 시스템이 안고 있는 결함을 '취약점', 결함을 뚫는 공격을 '위협'이라고 한다.

6.3 방화벽

보안 리스크 중 기술적 관점, 특히 네트워크 관점에 관해 깊이 생각해 보겠습니다. 악의적인 통신에서 내부 네트워크를 보호하는 벽의 역할을 하는 것이 방화벽입니다.

6.3.1 방화벽이란

여기에서는 네트워크 보안 문제를 생각해 보겠습니다. 방화벽은 불이 번지지 않도록 막는 벽으로, 화재가 발생할 때 외부 불길에서 건물 내부를 보호하는 역할을 합니다. 네트워크에서는 외부에서 시도된 부정한 접근을 차단하는 기능을 의미합니다.

곧바로 네트워크로 치환해서 생각하기 어려우므로 전화를 예로 들어 보겠습니다. 전화에서 세울 수 있는 보안 대책은 발신자 전화번호를 보고 수신 거부하여 불필요한 연락을 차단하거나, 같은 전화 회선을 사용하는 전화 이외의 서비스(에 팩스)는 받지 않도록 하는 것입니다. 방화벽도 마찬가지입니다.

▼ 그림 6-4 전화 수신 거부나 팩스 수신 거부 = 방화벽

전화를 건 사람이 싫다

팩스를 수신할 때는 전화가 오지 않는다

6.3.2 패킷 필터링이란

전화 예처럼 방화벽은 발신자 IP 주소나 이용 중인 서비스(포트)를 확인하여 필요 없는 통신은 차단합니다. 이렇게 제한하는 기능을 패킷 필터링이라고 합니다.

앞서 설명한 것처럼 서버와 네트워크에 기본적으로 방화벽과 DMZ를 구성해 놓아야 보안을 향상시킬 수 있고, DMZ와 기타 네트워크는 패킷 필터링 기능으로 통신을 제어합니다.

온라인 쇼핑 사이트 예로 방화벽을 설명해 보겠습니다. 웹 서버는 전 세계 사용자에게 서비스를 제공합니다. 이때 제공하려는 서비스 이외의 서비스, 예를 들어 서버에 원격으로 로그인하거나 파일을 전송하는 등의 서비스는 보안 측면에서 제공하고 싶지 않을 것입니다. 때에 따라서는 의심스러운 IP 주소에서 들어오는 통신도 허용하고 싶지 않을 수 있겠지요. 이 경우 방화벽에서 필요 없는 서비스 통신을 거부하거나 접속 IP 주소를 제한하여 서버가 원하는 통신만 허용할 수 있습니다.

▼ 그림 6-5 방화벽에서 통신 종류, 접속할 IP 주소 제한

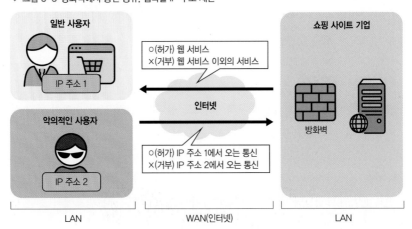

6.4 보안 구역

보안 수준이 동등한 네트워크를 보안 구역이라고 합니다. 보안 구역에는 통제할 수 있는 구역과 통제할 수 없는 구역이 있습니다.

6.4.1 보안 구역이란

네트워크는 인터넷상 네트워크(WAN)와 기업 등 구내 네트워크(LAN)로 나눌 수 있습니다. LAN은 3장에서 설명한 것처럼 DMZ와 내부 네트워크로 대부분 나뉩니다. 그리고 이렇게 나뉜 네트워크를 가리켜 각각 보안 구역이라고 합니다. 보안 구역은 방화벽으로 나뉘며, 보안 구역이 같은 컴퓨터는 보안 수준이 같다고 할 수 있습니다.

보안 구역별 보안 수준 차이는 다음과 같습니다. 인터넷상 네트워크는 통제할 수 없으므로 보안 수준이 가장 낮습니다.

인터넷상 네트워크

방화벽 밖에 위치하며 비통제 구역이라고도 합니다. 가장 보안 수준이 낮고 신뢰할 수 없는 구역입니다.

DMZ

인터넷상 네트워크와 내부 네트워크 사이에 있고, 내부 네트워크에서 보면 보안 리스크를 억제하는 역할을 하는 구역입니다.

내부 네트워크

방화벽 안쪽의 가장 보안 수준이 높은 구역입니다. 데이터베이스 서버나 파일 서버 등 중요한 정보를 다루는 서버는 내부 네트워크에 배치합니다.

6.4.2 보안 구역의 패킷 필터링 설정

보안 구역을 구현하는 패킷 필터링 설정에 대해 온라인 쇼핑을 예로 들어 생각해 봅시다. 웹 서버를 DMZ, 데이터베이스 서버를 내부 세그먼트에 배치한다고 가정합니다.

다음 그림에서 ① 인터넷⇔DMZ, ② 인터넷⇔내부 네트워크, ③ DMZ⇔내부 네트워크 세 가지로 나누어 살펴보겠습니다. 기본적으로 허가할 통신을 개별적으로 명시하고, 그 외의 설정은 모두 거부하도록 설정합니다.

▼ 그림 6-6 패킷 필터링 설정 예

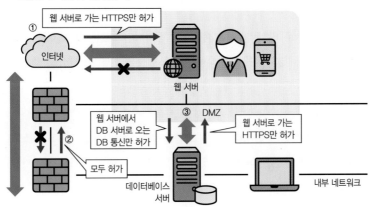

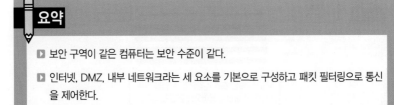

요약

▣ 보안 구역이 같은 컴퓨터는 보안 수준이 같다.

▣ 인터넷, DMZ, 내부 네트워크라는 세 요소를 기본으로 구성하고 패킷 필터링으로 통신을 제어한다.

6.5 IDS와 IPS

보안 위험 중 네트워크 관점에서 방화벽으로 보호할 수 없는 것을 보호하는
IDS와 IPS를 설명합니다.

6.5.1 방화벽만으로 보호할 수 없는 통신

통신 제어 시스템으로 방화벽을 소개했지만, 방화벽만으로는 다 보호할 수 없
는 통신도 있습니다. 방화벽은 서비스하는 포트에는 통신을 허용하고, 그 외의
포트에는 통신을 거부하는 방식으로 동작합니다. 즉, 이것은 서비스 중인 포트
로 들어오는 부정한 통신은 방화벽으로 제어할 수 없다는 의미입니다.

온라인 쇼핑을 예로 들어 봅시다. 다음 그림을 보면, 방화벽에서 웹 서비스 포
트인 TCP/443번에 통신을 허용하고 있는데, 이 TCP/443번 포트로 서버가 처
리할 수 없을 정도로 많은 통신이 들어오면 어떻게 될까요?

▼ 그림 6-7 방화벽으로는 보호할 수 없는 통신도 존재

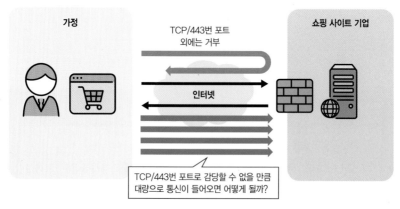

이런 악의적인 사용자가 스크립트 등을 사용하여 서비스를 이용할 수 없을 정도로 패킷을 보내는 것을 서비스 거부(Denial of Service, DoS) 공격이라고 합니다. TCP/443번 포트로 접속하면 방화벽으로는 DoS 공격을 제한할 수 없습니다.

6.5.2 IDS

IDS는 **침입 탐지 시스템**(Intrusion Detection System)**으로, 방화벽으로 막을 수 없는 불법적인 통신을 탐지할 수 있습니다**. IDS는 패킷 내용을 면밀히 조사하여 미리 설정한 정책에 위배되는 접근을 탐지하면 관리자에게 이를 알리고, 관리자는 수동으로 대응합니다.

앞의 온라인 쇼핑 예에서는 하나의 발신지 IP 주소에서 비정상적으로 많은 양의 패킷을 감지했을 때 이상하다고 판단할 수 있습니다.

▼ 그림 6-8 IDS 이미지

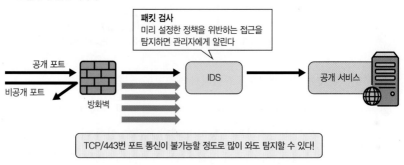

6.5.3 IDS 문제점

IDS는 방화벽으로 완전하게 방어할 수 없는 악의적인 접근을 방어하는 시스템입니다. 그렇다면 IDS를 도입하면 네트워크 보안 대책이 완벽해질까요? 안타깝게도 그렇지 않습니다. IDS는 다음 문제점이 있습니다.

① IDS는 위험한 통신을 탐지할 뿐이므로 별도로 수동으로 조치를 취해야 합니다. 그렇기에 시간이 걸리고 담당자 실수로 조치가 누락될 가능성이 있습니다.

② 미리 설정한 정책을 위반하는 접근을 탐지하는 방식이므로 알려지지 않은 공격에 대처할 수 없습니다. 또 정책을 많이 설정하면 리소스 부하가 높아져 성능이 저하될 수 있습니다.

❤ 그림 6-9 IDS 문제점

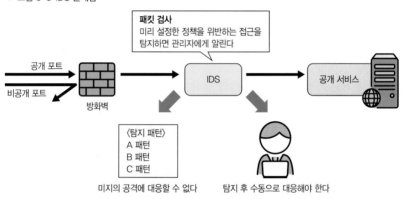

① 문제는 뒤에서 설명할 IPS를 도입해서 해결할 수 있습니다.

② 문제는 IDS에서 정책을 기반으로 통신 제어뿐만 아니라 정상 통신과 비교하여 비정상적인 통신을 탐지하는 기능이 탑재된 제품도 있어 이 기능을 활용하면 해결할 수 있습니다. 하지만 이 방식으로는 문제없는 이벤트를 이상 징후로 탐지하거나 문제 있는 이벤트를 탐지하지 못해 놓칠 수 있어 완전한 보안 대책이라고 단언할 수 없습니다.

6.5.4 IPS

IPS란 침입 방지 시스템(Intrusion Prevention System)으로 IDS를 발전시킨 것입니다. 침입 탐지 및 방지 시스템(IDPS)이라고도 하며, 네트워크에서 위협을 탐지하면 자동으로 차단하는 기능이 있습니다.

앞서 소개한 IDS 문제점 ①에 기술한 관리자 대응 면에서 IPS는 자동으로 실시간 대응이 가능하다는 점이 특징입니다. 그러나 ②와 관련해서는 여전히 IDS와 같은 문제점이 남아 있습니다.

네트워크 보안 대책으로 방화벽과 IDS 혹은 IPS를 조합하여 준비하는 것이 일반적입니다.

❤ 그림 6-10 IPS 이미지

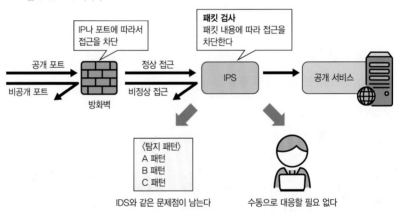

요약

▶ IDS와 IPS는 방화벽으로는 보호할 수 없는 위험한 통신을 방어하는 시스템이다.

▶ IDS는 위험한 통신을 탐지할 수 있다.

▶ IPS는 위험한 통신을 탐지하고 방어할 수 있다.

6.6 UTM

6.3절과 6.5절에서 방화벽과 IDS/IPS를 설명했습니다. 각 시스템을 따로따로 준비하고 관리하는 부하를 줄이고자 UTM을 활용할 수 있습니다.

6.6.1 UTM

6.3절과 6.5절에서 방화벽과 IDS/IPS를 설명했습니다. 네트워크 보안을 확보하려고 각 시스템을 따로따로 준비하고 관리하는 것은 운영 부담이 큽니다. UTM은 이런 보안 대책 시스템을 통합하여 사용할 수 있게 해 주는 기술로, 통합 위협 관리라고 합니다. 방화벽이나 IDS/IPS 이외에도 여러 가지 보안 대책을 통합 관리할 수 있는 것이 핵심입니다.

▼ 그림 6-11 UTM 이미지

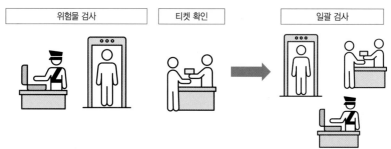

6.6.2 UTM 기능

UTM에는 방화벽, IDS/IPS 이외에 일반적으로 다음 기능이 있습니다. UTM 장비와 서비스 제공 내용에 따라 달라질 수 있습니다.

- **웹 필터링**: 유해한 웹 사이트 URL에 열람 제한을 할 수 있습니다.
- **안티 바이러스**: PC에 설치하는 패턴의 바이러스 소프트웨어가 주체이지만, PC에 설치할 수 없을 때는 네트워크에 들어가기 전의 게이트웨이에서 바이러스를 차단할 수 있습니다.
- **안티 스팸**: 이메일을 수신했을 때 스팸 메일을 보내는 서버에서 온 이메일이 아닌지 확인하여 차단하거나 관리자에게 이를 알릴 수 있습니다.
- **애플리케이션 제어**: 사전에 허용된 애플리케이션만 사용하게 합니다.

▼ 그림 6-12 UTM 기능

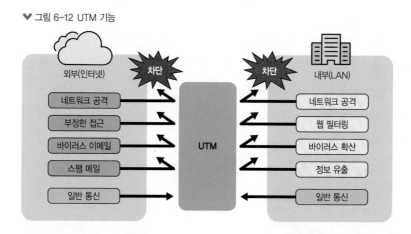

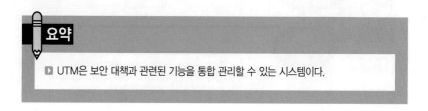

요약

▷ UTM은 보안 대책과 관련된 기능을 통합 관리할 수 있는 시스템이다.

6.7 WAF

지금까지 네트워크 보안 대책을 설명해 왔습니다. 이번에는 애플리케이션 보안 대책에 관해 설명합니다.

6.7.1 애플리케이션 보안 대책

이번에는 애플리케이션 보안 대책을 설명합니다. 온라인 쇼핑을 예로 들어 봅시다.

웹 서비스의 로그인 화면에서 비밀번호를 무작위로 입력하여 탈취하는 '무차별 대입 공격'이나, 웹 서비스 입력 폼에 문자열을 잘못 입력하여 데이터베이스 정보를 훔쳐보거나 변조하는 'SQL 인젝션' 같은 공격이 있습니다.

비밀번호 입력도 웹 입력 폼 정보도 네트워크상에서는 별 문제없는 통신으로 취급되므로 방화벽이나 IDS/IPS에서 탐지할 수 없습니다. 그래서 등장하게 된 것이 WAF입니다.

❤ 그림 6-13 방화벽과 IDS/IPS로 온전히 지킬 수 없는 보안

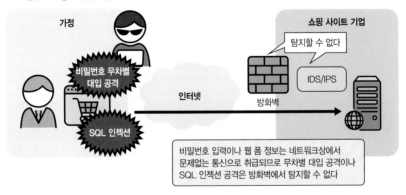

6.7.2 WAF

WAF는 Web Application Firewall의 약어로, 웹 애플리케이션으로 전송되는 요청 정보를 분석하여 부정한 정보가 포함되지 않았는지 판단합니다.

WAF도 IDS/IPS와 마찬가지로 탐지 패턴을 등록하고 모니터링하는 방식이므로, 알려지지 않은 공격에 대응할 수 없거나 설정 누락으로 보안이 저하되는 등 문제가 있습니다.

방화벽, IDS/IPS, WAF의 보안 대응 범위를 정리했습니다. 이런 기능을 조합해서 사용하면 보안을 강화할 수 있지만, 그렇다고 해서 완벽하게 보안이 보장되는 것은 아닙니다. 이 점을 이해할 필요가 있습니다.

❤ 그림 6-14 다양한 대책을 조합해서 사용

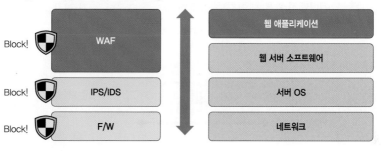

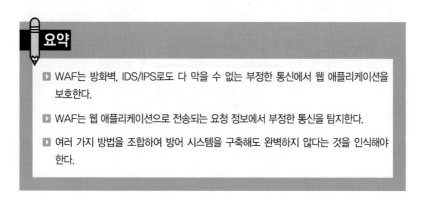

요약

▶ WAF는 방화벽, IDS/IPS로도 다 막을 수 없는 부정한 통신에서 웹 애플리케이션을 보호한다.

▶ WAF는 웹 애플리케이션으로 전송되는 요청 정보에서 부정한 통신을 탐지한다.

▶ 여러 가지 방법을 조합하여 방어 시스템을 구축해도 완벽하지 않다는 것을 인식해야 한다.

6.8   SSL

웹 사이트에서 주고받는 정보나 이메일 등 네트워크상에는 다양한 정보가 흐르고 있습니다. 여기에서는 네트워크 정보를 보호하는 보안 기술인 SSL/TLS를 설명합니다.

6.8.1 SSL/TLS

SSL/TLS란 인터넷상에서 데이터를 암호화하여 송수신하는 기술(프로토콜)입니다. SSL/TLS는 다음과 같은 인터넷 위협을 해결할 수 있습니다.

❤ 그림 6-15 SSL/TLS의 세 가지 기능

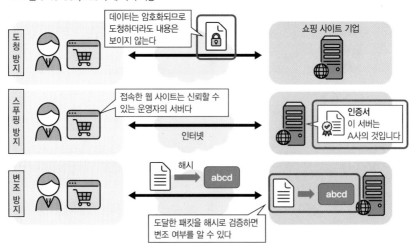

도청 방지

SSL/TLS는 공통 키 암호 방식과 공개 키 암호 방식이라는 두 가지 방식으로 통신을 암호화할 수 있습니다. 설령 패킷이 유출되더라도 그 내용을 볼 수 없습니다.

스푸핑 방지

공공 기관이 기업 등 조직을 신뢰할 수 있다고 인증하는 시스템이 있습니다.

변조 방지

원본 데이터를 해시라는 규칙으로 다른 데이터로 변환하고, 그 데이터와 비교하여 변조된 데이터인지 아닌지 판단할 수 있습니다.

6.8.2 HTTPS는 SSL/TLS의 대표적인 이용 사례

HTTPS는 HTTP에 SSL/TLS를 더한 프로토콜로, 웹 서버와 클라이언트 간 통신을 암호화하고 웹 사이트가 신뢰할 수 있는 조직에서 운영하는지 확인할 수 있습니다. 구글 투명성 보고서에 따르면, 2022년 6월 기준으로 크롬 브라우저를 이용하여 HTTPS를 경유해서 로드된 페이지 비율이 98%까지 증가했다고 합니다. 이제는 거의 모든 웹 사이트에서 HTTPS가 사용되고 있음을 알 수 있습니다.

▼ 그림 6-16 크롬 브라우저로 HTTPS를 경유해서 로드된 페이지 비율
(출처: https://transparencyreport.google.com/https/overview?hl=ko)

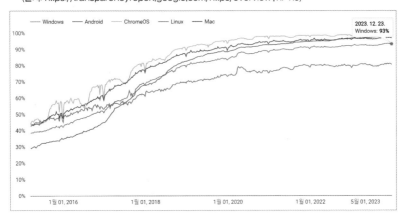

 요약

▶ SSL/TLS는 통신을 암호화하는 기술이다.

▶ HTTPS는 웹 사이트를 열람할 때 통신을 암호화한다.

6.9 VPN

SSL/TLS 도입만으로는 네트워크 보안이 완벽하지 않으며, 운영 부담도 증가합니다. 여기에서는 네트워크 보안 기술 중 하나인 VPN을 설명하겠습니다.

6.9.1 SSL/TLS만으로는 허술한 보안 대책

6.1절에서 설명한 것처럼 인터넷은 개방된 네트워크이므로 도청, 스푸핑, 변조 등 위협이 존재합니다.

SSL/TLS를 이용한 HTTPS는 인증서가 설정된 웹 서버와 웹 브라우저 간 통신을 암호화하는 기술입니다. 따라서 SSL은 SSL 인증서를 가지고 있는 웹 사이트와 하는 통신만 안전합니다.

❤ 그림 6-17 HTTPS만으로는 충분하지 않은 보안 대책

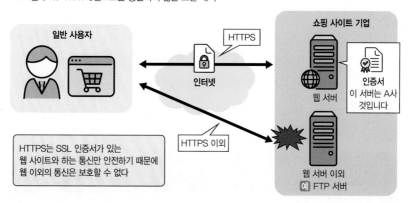

HTTPS는 특정 웹 관련 통신을 보호할 수 있지만, 웹 이외의 통신에는 대처할 수 없습니다. 예를 들어 파일 전송 프로토콜로 FTP가 있습니다. 파일 전송도 SSL 기술을 이용하며, FTP는 웹 통신과는 별도로 SSL 통신이 필요합니다.

6.9.2 VPN

VPN은 Virtual Private Network의 약어로, 가상화 기술을 이용하여 프라이빗 네트워크를 실현합니다. HTTPS처럼 1대1로 보안을 지키는 것이 아니라 거점 끼리 가상으로 전용선을 깔아 주는 개념입니다. 가상으로 하지 말고 물리적으로 전용선을 깔면 되지 않느냐고 생각할 수 있지만, 물리적으로 전용선을 깔려면 초기 비용 및 유지 비용이 많이 듭니다. 물리적으로 전용선을 깔아 놓은 양 끝에서만 이용할 수 있다는 점 때문에 VPN을 많이 채택하고 있습니다.

▼ 그림 6-18 HTTPS만으로는 충분하지 않은 보안 대책

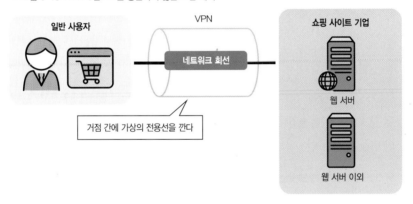

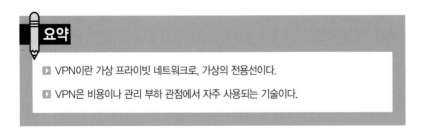

요약

▷ VPN이란 가상 프라이빗 네트워크로, 가상의 전용선이다.

▷ VPN은 비용이나 관리 부하 관점에서 자주 사용되는 기술이다.

6.10

공통 키 암호 방식과
공개 키 암호 방식

SSL/TLS를 설명하면서 '공통 키 암호 방식'과 '공개 키 암호 방식'을 간략히 소개했습니다. 네트워크 세계에서는 통신을 암호화할 때 키를 사용하는데, 이 두 방식은 사용하는 키 종류가 다릅니다.

6.10.1 공통 키 암호 방식

암호화와 복호화에 같은 키를 사용하는 단순한 방식을 취한 것이 공통 키 암호 방식입니다. 암호화와 복호화에 공통으로 사용하는 키를 공통 키라고 합니다. 공통된 키를 이용함으로써 암호화 처리에 필요한 CPU 자원과 시간을 절약할 수 있다는 장점이 있습니다.

하지만 키를 분실하면 보안 강도가 극단적으로 떨어집니다. 애초에 송신자와 수신자가 키를 공유하는 것은 도청 위험과 전송 시간이 걸림돌이 됩니다. 또 통신 상대가 늘어날수록 키 개수도 늘어나기 때문에 관리 부담이 커집니다.

▼ 그림 6-19 공통 키 암호 방식

6.10.2 공개 키 암호 방식

공통 키 암호 방식의 보안 강도와 키 관리 부하 문제를 해결하려고 고안된 것이
암호화와 복호화에 따른 키를 이용하는 공개 키 암호 방식입니다.

공개 키 암호 방식은 사용자마다 공개 키와 개인 키라는 한 쌍의 키 쌍을 생성
합니다. 한쪽 키로 암호화한 데이터는 다른 쪽 키로 복호화할 수 있다는 특징이
있습니다. 사용자는 공개 키를 일반에게 공개하고, 개인 키는 사용자가 비밀로
관리합니다. 이렇게 하면 누군가 사용자의 공개 키로 암호화한 문서를 보내왔
다면 사용자만 복호화할 수 있고, 반대로 사용자가 개인 키로 암호화한 데이터
는 수신자가 사용자의 공개 키로 복호화하여 검증(디지털 서명이라고 함)할 수
있습니다.

공통 키 암호화 방식에서 문제가 된 키 개수는 사용자 한 명당 키(공개 키, 개인
키) 두 개를 가지면 되므로 통신 상대가 n명이라면 키 2n개로 충분합니다.

▼ 그림 6-20 공개 키 암호 방식

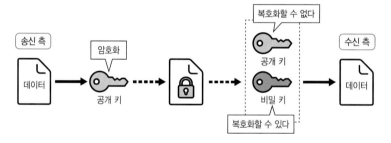

공개 키로 암호화한 것은 통신 도중에 유출되더라도
개인 키를 가진 사람만 복호화할 수 있어 안전하다

요약

▷ 키를 사용한 암호 방식은 '공통 키 암호 방식'과 '공개 키 암호 방식'이 있다.

▷ 공개 키 암호 방식은 공통 키 암호 방식보다 키 관리 부하가 낮다.

▷ 공개 키 암호 방식을 이용한 기술로 디지털 서명이 있다.

DoS 공격

서버에 부하를 집중시켜 서비스를 이용할 수 없는 상태로 몰아넣는 공격을 DoS 공격이라고 합니다. DoS 공격은 방화벽으로는 완전하게 방어할 수 없고, 일반적인 접근과 구별할 수 없는 것이 과제입니다. 사용자에게 악의가 없어도 서비스 이용이 집중되면 서비스가 다운되는 것이 일상적이므로 완전하게 방어하기 어려운 공격입니다. 다만 집중적으로 접근하는 송신지 IP 주소를 조사하면 DoS 공격을 하는 상대를 특정할 수 있는 경우도 있습니다.

이렇게 특정 서버에 과도한 부하를 주어 서비스를 중단시키는 목적은 무엇일까요? 다음과 같은 사례가 있습니다.

■ 협박

서비스를 지속하려면 금전 지불을 요구하는 경우가 있습니다. 랜섬 DDoS 공격이라고도 합니다(랜섬 = 몸값).

■ 괴롭힘

경쟁 업체 사이트를 다운시키거나 곤란하게 만드는 것이 목적일 수 있습니다.

■ 항의

정치에 불만이나 불신을 보여 정부 기관 사이트를 공격하는 경우가 있습니다.

▼ 그림 6-21 DoS 공격

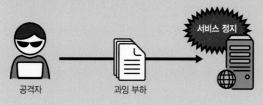

7장

서버 장애에
대비하자

서버를 구축하고 서비스를 시작했다고 해서 엔지니어 업무가 끝나는 것은 아닙니다. 서비스를 제공하는 동안 서버가 고장 나기도 하고 예상보다 서버 부하가 높아지거나 보안 위험이 발견되는 등 다양한 문제가 발생합니다. 서비스를 제공하기 전에 이런 문제들을 미리 예측하고 대비하면 가장 좋겠지만, 실제로는 나중에 알게 될 때가 많습니다. 이 장에서는 서버 장애에 대비하는 기술을 설명합니다.

7.1 이중화 기술

서버의 서비스가 멈추면 사용자에게 커다란 영향을 미칠 수 있습니다. 여기에서는 서비스 신뢰성을 높이는 이중화 기술을 설명합니다.

7.1.1 서비스 정지가 미치는 영향

서비스 신뢰성을 생각하기 위해 편의점 계산대를 예로 들어 보겠습니다. 계산대가 하나뿐이라면 손님이 몰려서 혼잡해집니다. 게다가 그 계산대가 고장이라도 나면 결제 서비스가 중단될 것입니다. 또 계산대 한 대로 항상 처리하다 보면 장비가 빨리 노후화되어 고장 날 가능성이 커집니다. 그렇다면 계산대를 여러 대 설치해 두면 어떨까요? 한 대가 고장 나더라도 다른 계산대를 이용하면 서비스를 중단하지 않고도 처리를 분산시킬 수 있습니다. 이렇게 장비를 여러 대 병렬로 배치하여 장애에 대비하는 기술을 '이중화' 또는 '부하 분산'이라고 합니다.

▼ 그림 7-1 편의점 계산대 업무

계산대가 한 대일 때
- 항상 혼잡하다
- 계산대가 고장 나면 서비스가 중단된다
- 계산대 한 대를 처리하는 업무 부하가 크다

계산대가 여러 대일 때
- 손님이 분산되므로 혼잡이 완화된다
- 계산대 하나가 고장 나도 다른 계산대에서 서비스를 계속할 수 있다
- 여러 계산대를 이용하여 업무 부하를 분산할 수 있다

이중화/부하 분산

7.1.2 이중화 기술 구성

서버의 각종 서비스도 편의점 계산대의 결제 서비스와 마찬가지로 이중화가 중요합니다. 서버 한 대로 서비스를 구성하기보다 두 대로 구성하는 것이 시스템 전체의 안전성을 높이고 부하를 분산시킬 수 있습니다.

다중 구성은 서버들의 대기 상태에 따라 다음 두 가지 패턴으로 나뉩니다.

듀얼 시스템

병렬로 두 시스템을 준비해서 동일한 처리를 하게 하는 방식입니다. 두 시스템은 항상 작동하며 결과를 확인하면서 움직입니다. 계산대로 비유하면 항상 두 대 모두 가동되는 상황입니다.

▼ 그림 7-2 듀얼 시스템

결과 대조

항상 계산대 두 대가 가동된다

듀플렉스 시스템

병렬로 두 시스템을 준비하되, 평상시에는 한 시스템(메인 시스템)에서 처리하고, 다른 시스템(대기 시스템)은 메인 시스템에 장애가 발생할 때를 대비해서 대기하는 방식입니다. 계산대로 비유하자면, 한 대만 가동하고 다른 한 대는 필요할 때만 사용하는 상황입니다.

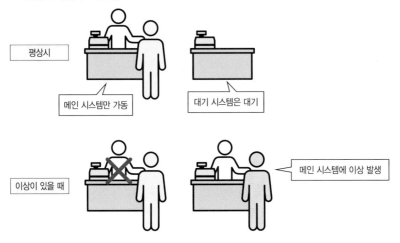

듀얼 시스템과 듀플렉스 시스템은 각각 앞서 언급한 것과 차이가 있으며, 시스템 특성에 따라 구분해서 사용됩니다. 시스템 선택에서 중요한 요소는 한 대가 고장 났을 때의 전환 속도입니다. 듀얼 시스템은 항상 두 대를 모두 가동하므로 전환 속도가 빠릅니다.

7.1.3 여러 대를 설치하는 것만으로는 준비 부족

지금까지 장비 두 대를 다중으로 구성하여 시스템 전체의 안전성을 높이는 방법을 소개했지만, 제공하는 서비스나 운영하는 애플리케이션에 따라 단순히 물리적인 증설만으로는 이중화할 수 없을 때가 있습니다.

예를 들어 데이터 쓰기와 읽기가 지속적으로 발생하는 데이터베이스 서버는 항상 메인 시스템과 대기 시스템 서버 간에 데이터를 동기화해 두지 않으면, 메인 시스템에서 대기 시스템 서버로 전환했을 때 데이터 부정합이 발생할 수 있습니다.

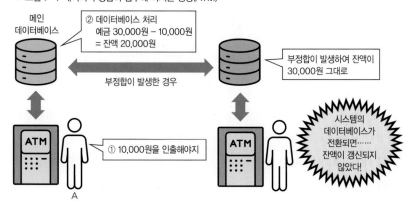

♥ 그림 7-4 데이터 부정합이 업무에 미치는 영향(ATM)

7.1.4 이중화 대상

온라인 쇼핑을 예로 들어 봅시다. 고장이 발생할 수 있는 대상으로는 어떤 것이 있을까요? 서버, 회선, 네트워크 장비, 클라이언트 단말 등 시스템을 구성하는 모든 장비가 이중화 구성 대상이 됩니다.

이중화 기술을 도입한다고 해서 무조건 좋은 것은 아니므로, 서비스 중단이 영향을 미치는 범위에 따라 시스템의 어느 부분을 이중화할지 검토해야 합니다.

✏️ 요약

▶ 이중화 구성에는 듀얼 시스템과 듀플렉스 시스템 두 가지가 있다.

▶ 듀얼 시스템은 병렬로 시스템 두 개를 준비하여 같은 처리를 시킨다.

▶ 듀플렉스 시스템은 메인 시스템과 대기 시스템으로 구성된다.

7.2 티밍/본딩

7.1절에서 이중화 기술을 설명했습니다. 여기에서는 네트워크(NIC) 이중화를 설명합니다. 서버 자체를 이중화하는 것은 비용과 공간 측면에서 큰 부담이 되므로 네트워크 이중화가 목적이라면 NIC만 이중화하는 구성을 고려하기도 합니다.

7.2.1 NIC

7.1절에서 이중화 기술을 설명했는데, 여기에서는 NIC 이중화를 알아보겠습니다.

NIC는 Network Interface Card의 약어로, LAN 포트가 달린 장치를 의미합니다.

❤ 그림 7-5 NIC란

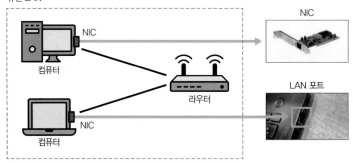

일반 사용자가 사용하는 노트북 등에서는 유선 LAN 포트가 하나이지만, 서버에는 여러 LAN 포트가 있기도 합니다. 서버 한 대가 여러 네트워크에 소속되어 있

기도 하고, 뒤에 설명할 NIC 이중화 구성을 위해서이기도 합니다. NIC는 네트워크 카드, 네트워크 어댑터, LAN 카드, LAN 포드, LAN 어댑터라고도 합니다.

7.2.2 티밍/본딩

물리 NIC 여러 개를 논리적으로 하나의 NIC로 묶는 기술을 티밍(teaming)이나 본딩(bonding)이라고 합니다. 티밍은 스포츠 팀 등에서 사용되는 팀(team)이라는 단어가 어원으로, NIC 여러 개를 묶는 것입니다. 본딩은 물건을 붙일 때 사용하는 본드(bond)가 어원으로, NIC 여러 개를 묶고 붙여서 회선을 보강하는 것입니다. 같은 의미로 사용하기도 하지만, 티밍은 단순히 NIC를 묶는 것입니다. 반면 본딩은 묶은 NIC를 하나의 NIC로 보강하여 이중화 및 처리 능력(처리량)을 향상시키는 것이 목적입니다.

▼ 그림 7-6 티밍/본딩

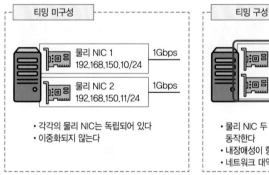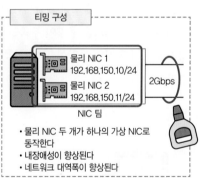

요약

▶ 티밍이나 본딩은 NIC 이중화를 실현하는 기술이다.

▶ NIC를 묶어 장애에 대비하고 성능을 향상시킬 수 있다.

7.3 RAID

디스크 이중화를 알아봅시다. RAID는 서버 대수를 늘리는 것이 아니라, 디스크 부분에 집중하여 이중화하는 개념입니다. 중요한 데이터를 보호하려고 많이 사용하는 기술입니다.

7.3.1 디스크와 스토리지

디스크는 보조 기억 장치라고도 하며, 주기억 장치인 메모리로는 다 담을 수 없는 데이터를 저장하는 장소입니다. 디스크는 비휘발성 장치이므로 전원을 꺼도 저장된 데이터가 손실되지 않습니다. 하지만 디스크도 PC나 서버의 케이스 안에 내장된 것만으로는 용량이 부족할 때가 있습니다. 또 내장 디스크 사용률이 너무 높아지면 서버 동작이 무거워지기도 합니다. 이때 활용되는 것이 바로 스토리지입니다.

▼ 그림 7-7 스토리지란

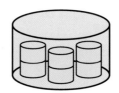

내장 디스크
용량이나 성능이 제한된다

스토리지
• 디스크 집합
• 네트워크나 전용 네트워크를 경유해서 접속한다

스토리지는 데이터를 장기간 기억시키는 디스크 집합으로 외부 기억 장치라고도 합니다. 스토리지는 네트워크 경유(NAS)나 전용 스토리지 네트워크 경유(SAN)로 이용됩니다. 여기에서는 스토리지(디스크) 이중화를 생각해 보겠습니다.

7.3.2 스토리지 이중화

스토리지 이중화 구성을 분산 스토리지 'RAID(Redundant Arrays of Inexpensive Disks)'라고도 합니다. RAID는 대량의 데이터를 여러 스토리지에 분할하여 저장하는 기술입니다. 장애 대책은 물론 대량의 데이터를 효율적으로 저장하고 스토리지 용량을 유연하게 증감할 수 있습니다. RAID는 구성 방식에 따라 RAID0~6의 일곱 가지 종류로 나뉩니다. 대표적인 RAID 구성을 소개합니다.

RAID0(이중화 구성이 아니다)

스트라이핑이라고도 합니다. 데이터를 블록 단위로 나누고 여러 디스크에 분산함으로써 읽기와 쓰기 속도를 높입니다. 하지만 이 방식은 이중화 구성이 아니기 때문에 디스크에 장애가 발생하면 모든 데이터가 손실됩니다.

RAID1

미러링이라고도 합니다. 동일한 데이터를 디스크 두 개에 거울(미러)처럼 저장하는 방식입니다. 이 방식은 이중화 구성이므로 디스크에 장애가 발생해도 데이터가 손실되지 않습니다.

▼ 그림 7-8 RAID0과 RAID1

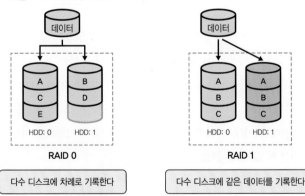

RAID5

RAID0에 에러 정정 코드인 패리티 디스크를 사용하여 에러를 정정하고 데이터를 복구할 수 있게 구성합니다. 패리티 디스크를 분산 저장하여 읽기와 쓰기 성능을 향상시킵니다.

RAID6

RAID5의 패리티 디스크를 한 개에서 두 개(2차원 패리티)로 늘려 동시에 디스크 두 개가 고장 난 경우에도 데이터를 복구할 수 있습니다.

▼ 그림 7-9 RAID5와 RAID6

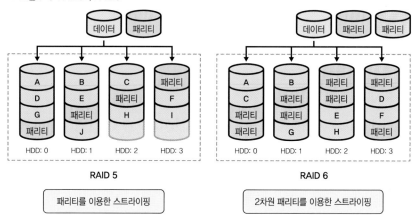

RAID 구성 방식에는 소프트웨어 방식과 하드웨어 방식이 있습니다. 소프트웨어 RAID는 이름 그대로 서버에 설치한 소프트웨어가 다수 디스크 드라이브를 하나의 디스크로 취급하여 RAID를 구성합니다. 반면 하드웨어 RAID는 서버의 CPU와는 독립된 컨트롤러를 갖습니다. 또 장애가 발생하면 소프트웨어 RAID보다 장애 부위를 찾아내기 쉬워 신뢰성이 높다고 할 수 있지만, 하드웨어 RAID 구성은 비용이 많이 듭니다.

어쨌든 서버와 스토리지가 늘어나거나 구성이 복잡해질수록 관리 복잡성이 문제가 됩니다. 제조사의 독자적인 RAID 기술로 자동 관리 기능을 제공하는 제품도 있습니다.

요약

▶ RAID는 주로 디스크를 이중화하는 기술이다.

▶ RAID0은 이중화 구성이 아닌 읽기와 쓰기 속도 향상이 목적이며, 스트라이핑이라고도 한다.

▶ RAID1은 미러링이라고도 하며, 동일한 데이터를 디스크 두 개에 미러(거울)처럼 기록한다.

▶ RAID5는 RAID0에 에러 정정 코드(패리티 디스크)를 사용하여 에러 정정 및 데이터 복구를 가능하게 하는 구성이다.

▶ RAID6은 패리티 디스크를 두 개로 구성하므로 동시에 디스크 두 개가 고장 나도 데이터를 복구할 수 있다.

7.4 클러스터링

서버 이중화 기술을 알아봅시다. 서버를 여러 대 준비하여 장애에 대비하고, 한 대로는 실현할 수 없는 성능을 끌어올리는 기술을 클러스터링이라고 합니다.

7.4.1 클러스터링

서버 이중화를 설명하기 전에 서버를 사람에 비유해서 예로 들어 보겠습니다. 어떤 작업을 할 때, 하나의 작업을 혼자서 하기보다 여러 사람이 나누어서 하면 더욱 빠르게 더 많은 일을 할 수 있습니다. 인간 사회에서 여러 사람에 해당하는 것은 직장이나 부서의 '팀'일 것입니다.

이처럼 '팀'을 구성하는 기술을 컴퓨터에서는 클러스터링이라고 합니다. 클러스터링으로 처리하면 여러 가지 장점이 생깁니다.

❤ 그림 7-10 클러스터링은 '팀'과 동일

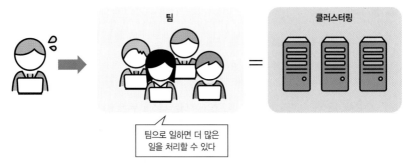

팀으로 일하면 더 많은
일을 처리할 수 있다

팀으로 일할 때 얻을 수 있는 장점은 다음과 같습니다.

- **아파서 결근해도 대신 일할 사람이 있습니다**: 서비스가 중단되지 않음

- **혼자 할 때보다 여럿이 함께하면 효율이 몇 배는 높아집니다**: 처리 능력 향상

클러스터링도 마찬가지입니다. 클러스터링에는 다음 장점이 있습니다.

- **서버에 장애가 발생해도 대체 서버가 있습니다**: 서비스가 중단되지 않음

- **서버 여러 대로 리소스를 집중하면 효율이 몇 배는 높아집니다**: 처리 능력 향상

▼ 그림 7-11 클러스터링 장점

① 누군가가 쓰러져도 서비스는 멈추지 않는다

① 한 대가 고장 나도 서비스는 멈추지 않는다

② 팀으로 함께 일하는 편이 효율적이다

② 서버 여러 대로 리소스를 결합한다

요약

▶ 클러스터링이란 다수 서버를 묶어 팀으로 작동하는 것이다.

▶ 클러스터링을 구축함으로써 장애 대책뿐만 아니라 성능 향상을 실현할 수 있다.

7.5 DNS 라운드 로빈

부하를 분산하는 방법을 알아봅시다. 웹 시스템 등에서 집중된 부하를 줄이려고 처리가 동일한 서버를 여러 대 준비하여 처리를 분산하는 경우가 있습니다. 여기에서는 DNS 라운드 로빈을 설명하겠습니다.

7.5.1 처리를 분산하는 기술-부하 분산

7.4절에서 설명한 것처럼 서버 이중화 목적을 달성하려면 단순히 서버 여러 대를 준비하는 것만으로는 불가능합니다. 통신 흐름을 제어하여 사용할 서버를 분산하는 기술이 필요한데, 이런 기술을 부하 분산이라고 합니다. 7.5~7.9절에 걸쳐 다음과 같이 나열한 부하 분산 기술을 소개하겠습니다.

- DNS 라운드 로빈
- 콘텐츠 전송 부하 분산
- 데이터베이스 부하 분산
- ELB 부하 분산

7.5.2 DNS 라운드 로빈이란

DNS 라운드 로빈은 DNS 질의에 응답하는 서버를 순차적으로 변경하는 기술을 의미합니다. 응답하는 서버는 클러스터링으로 구성해 둡니다. 다음으로 온라인 쇼핑을 예로 들어 생각해 봅시다.

온라인 쇼핑을 제공할 때 웹 서버를 한 대로만 운영하는 것은 서비스 안전성 측면에서도 피해야 합니다. 따라서 웹 서버를 여러 대 준비하여 클러스터링으로 구성한 환경에서 DNS 라운드 로빈으로 부하를 분산하게 됩니다. 이때 통신 흐름은 다음과 같습니다.

① 클라이언트 단말기는 웹 브라우저로 URL에 접속합니다.

② 클라이언트는 URL에 기재된 웹 서버에 해당하는 FQDN(호스트(컴퓨터) 이름과 도메인(조직) 이름을 합친 전체 도메인 이름)을 이용하여 DNS 서버에 이름 해석을 요청합니다.

③ DNS 서버는 첫 번째 요청에는 웹 서버 A, 다음 요청에는 웹 서버 B, 그 다음 요청에는 웹 서버 C의 주소를 보내는 식으로 클러스터링 목록에서 차례로 각 노드의 IP 주소를 응답합니다.

④ 클라이언트는 DNS 서버가 알려 준 IP 주소로 통신합니다.

이처럼 DNS 라운드 로빈 기술을 이용하면 순차적으로 웹 서버에 연결되므로 부하가 분산됩니다.

▼ 그림 7-12 DNS 라운드 로빈이란

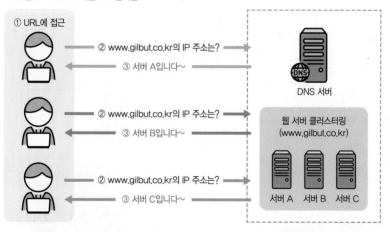

요약

▶ DNS 라운드 로빈은 DNS 통신의 부하 분산을 실현하는 기술이다.

▶ DNS 라운드 로빈에서는 이름 해석 요청이 있을 때마다 차례로 다른 IP 주소를 응답하여 부하를 분산한다.

7.6 DNS 라운드 로빈의 종류

DNS 라운드 로빈의 부하 분산 방법은 몇 가지가 있습니다. 여기에서는 DNS 라운드 로빈 종류를 설명합니다.

7.6.1 DNS 라운드 로빈의 종류

DNS가 라운드 로빈으로 응답하는 방식은 다음과 같습니다.

단순 라우팅

관리자가 지정한 순서로 응답하는 방식입니다.

▼ 그림 7-13 단순 라우팅

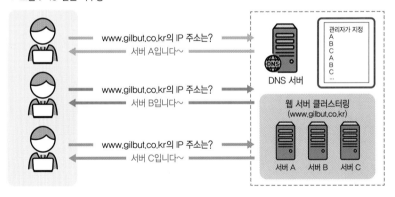

가중치 기반 라우팅

하나의 이름에 연관된 여러 DNS 레코드에 가중치를 부여하여 응답하는 비율을 지정하는 방식입니다. 예를 들어 하나의 이름에서 IP 주소를 응답할 때는 서버 A 주소를 응답할 확률은 75%, 서버 B는 20%, 서버 C는 5%처럼 비율을 지정합니다.

▼ 그림 7-14 가중치 기반 라우팅

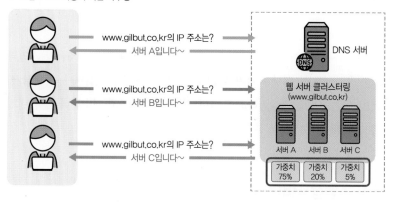

지연 라우팅

지연(레이턴시)이 가장 작은 서버의 IP 주소를 응답하는 방식입니다.

▼ 그림 7-15 지연 라우팅

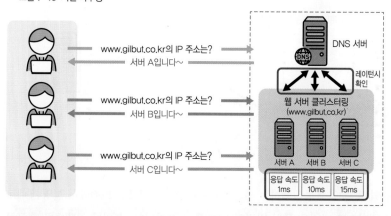

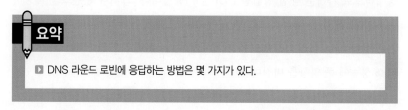

요약

▶ DNS 라운드 로빈에 응답하는 방법은 몇 가지가 있다.

7.7 콘텐츠 전송 부하 분산

여러분은 유튜브 같은 동영상 서비스를 이용하나요? 동영상은 조금만 지연되어도 사용자에게 큰 영향을 미쳐 시청에 지장을 초래할 수 있습니다. 동영상 전송 서비스는 콘텐츠 전송이라고도 하며, 네트워크를 통해 전송됩니다. 콘텐츠를 전송할 때 걸리는 부하 분산을 알아보겠습니다.

7.7.1 동영상 서비스로 영화를 볼 때

유튜브 같은 동영상 스트리밍 서비스 사용자가 젊은 층을 중심으로 점점 늘어나는 추세입니다. 이처럼 인터넷에서 음악, 영화 등 데이터를 제공하는 서비스를 '콘텐츠 전송'이라고 합니다.

▼ 그림 7-16 콘텐츠 전송 네트워크(CDN)

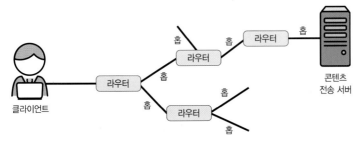

음악 및 동영상 통신에서는 지연을 허용하지 않으므로 2.12절에서 설명한 대로 상대적으로 가벼운 통신 방법인 UDP를 사용합니다. 그러나 콘텐츠를 제공하는 서버가 해외 등 물리적으로 먼 곳에 있다면 패킷이 서버에서 클라이언트까지 도달할 때는 여러 네트워크를 거쳐야 합니다. 콘텐츠가 전송되는 거리는 서비스 성능에 큰 영향을 미칩니다.

7.7.2 콘텐츠 전송의 부하 분산이란

앞서 언급한 문제를 해결하는 기술이 콘텐츠 전송 네트워크를 이용하는 부하 분산입니다. 거리가 문제가 되는 콘텐츠 전송은 읽기 전용 캐시 서버를 전 세계에 분산시킵니다. 그리고 클라이언트는 지리적으로 가장 가까운 캐시 서버 정보를 이용해서 콘텐츠를 열람하도록 시스템을 구축하여 부하를 분산시킵니다.

캐시 서버는 클라이언트에서 요청하는 파일 사본을 임시로 보관하는 역할을 합니다. 이처럼 콘텐츠 전송에서는 지연이 허용되지 않으므로 속도 향상에 집중한 것이 특징입니다.

❤️ 그림 7-17 콘텐츠 전송의 부하 분산

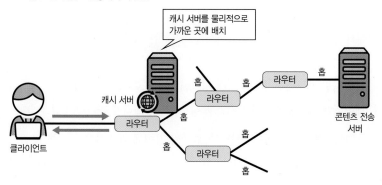

요약

▷ 동영상 전송 서비스에서는 약간의 지연도 허용할 수 없을 때가 많아 콘텐츠 부하 분산으로 성능을 향상시킨다.

▷ 콘텐츠 부하 분산에서는 콘텐츠 사본을 임시로 보관하는 캐시 서버를 여러 대 준비하여 다양한 장소에 배치한다.

데이터베이스 부하 분산

데이터베이스는 대량의 데이터를 관리하는 시스템입니다. 이 데이터베이스에 장애가 발생하면 업무에 큰 영향을 미치게 되는데 부하 분산은 효과적인 장애 대책 중 하나입니다.

7.8.1 데이터베이스 운용 관리 필요성

7.1절에서 설명한 것처럼 데이터베이스를 이용하는 업무에서 데이터베이스에 장애가 발생하면, 데이터가 손실되는 등 업무에 심각한 피해를 줄 수 있습니다. 일단 고장이 나면 재구축하기까지 오랜 시간이 걸리므로 복구도 매우 힘든 작업입니다. 데이터베이스 성능은 업무 시스템 성능과도 밀접하게 관련되어 있습니다.

따라서 데이터베이스 구성을 이중화함으로써 장애에 대비하고 부하를 분산하여 성능 향상을 도모하기도 합니다. 이외에도 데이터베이스를 운용할 때는 다음 문제가 있습니다.

▼ 그림 7-18 데이터베이스 운용 문제

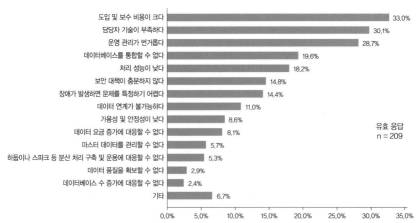

도입 및 보수 비용이 크다	33.0%
담당자 기술이 부족하다	30.1%
운영 관리가 번거롭다	28.7%
데이터베이스를 통합할 수 없다	19.6%
처리 성능이 낮다	18.2%
보안 대책이 충분하지 않다	14.8%
장애가 발생하면 문제를 특정하기 어렵다	14.4%
데이터 연계가 불가능하다	11.0%
가용성 및 안정성이 낮다	8.6%
데이터 요금 증가에 대응할 수 없다	8.1%
마스터 데이터를 관리할 수 없다	5.7%
하둡이나 스파크 등 분산 처리 구축 및 운용에 대응할 수 없다	5.3%
데이터 품질을 확보할 수 없다	2.9%
데이터베이스 수 증가에 대응할 수 없다	2.4%
기타	6.7%

유효 응답
n = 209

7.8.2 데이터베이스 부하 분산

데이터베이스 부하 분산 시스템은 크게 두 가지로 나뉩니다.

복제

데이터베이스 서버를 여러 대 두고 데이터를 실시간으로 복제(replication)하여 대비하는 방식입니다. 실시간으로 여러 서버 간 데이터를 맞추려면 네트워크 부하 및 애플리케이션과 정합성 등을 고려한 신중한 설계가 필요합니다. 복제한 데이터베이스를 슬레이브라고 하며, 마스터와 다른 장소에 구축하기도 합니다.

읽기 복제본

데이터베이스에는 '쓰기'와 '읽기' 두 가지 작업이 있습니다. 이 중 '읽기' 작업만 부하를 분산시키는 방식입니다. 이 읽기 전용 캐시 서버를 읽기 복제본(read replica)이라고 합니다. 데이터베이스 규모가 크고 읽기 위주의 시스템에서는 읽기 복제본을 여러 개 준비하면 상당한 성능 향상을 기대할 수 있습니다.

▼ 그림 7-19 복제와 읽기 복제본

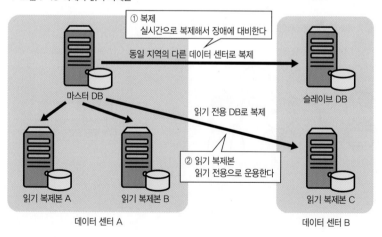

7.9 ELB 부하 분산

지금까지 서버와 네트워크의 이중화를 설명했습니다. 이번에 소개하는 ELB (Elastic Load Balancing) 부하 분산은 수신한 트래픽을 지금까지 다룬 이중화 시스템으로 분산시키는 역할을 하는 시스템입니다.

7.9.1 작업을 분산시키는 구조

당신이 직장 내에서 팀 리더라고 가정해 봅시다. 팀은 멤버 다섯 명으로 구성되어 있으며, 누구나 할 수 있는 간단한 작업(예 종이 1만 장에 도장 찍는 작업)을 한다고 합시다. 이때 한 명만 아주 바빠 보이고 다른 사람들은 여유로워 보인다면, 여유가 있는 멤버들에게도 작업을 더 할당하겠지요? 이렇게 팀 리더 역할을 하는 것이 ELB 부하 분산입니다.

▼ 그림 7-20 작업을 분산시키는 구조

7.9.2 ELB 부하 분산이란

웹 사이트 중에는 동시에 클라이언트 수십, 수백만 대의 요청에 대한 응답 처리
가 필요한 경우가 있습니다. 이런 대량의 트래픽을 처리하려면 웹 서버를 여러
대 준비해야 합니다. 클라우드 서비스를 이용할 때는 자동으로 스케일 아웃, 스
케일 인할 수 있는 경우도 있습니다.

이때 클라이언트에서 들어오는 요청을 어느 서버에서 처리할지 선택하는 기술
이 ELB 부하 분산입니다. 참고로 ELB에서는 부하 분산 장치(로드 밸런서)를
이용합니다.

▼ 그림 7-21 ELB 부하 분산이란

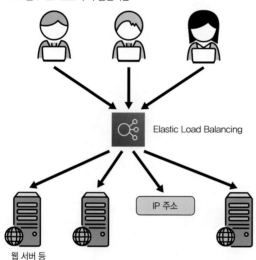

웹 서버 등

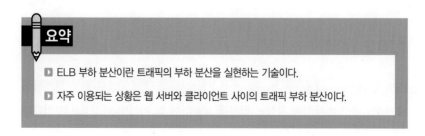

요약

▶ ELB 부하 분산이란 트래픽의 부하 분산을 실현하는 기술이다.

▶ 자주 이용되는 상황은 웹 서버와 클라이언트 사이의 트래픽 부하 분산이다.

7.10 UPS

서버와 그 구성 요소인 디스크나 NIC의 이중화를 실현하더라도 정전 등으로 전원에 문제가 생기면 서비스 중단은 막을 수 없습니다. 이 문제를 해결하려고 정전에서 기기를 보호하는 장치가 UPS입니다.

7.10.1 전원 장애의 발생 가능성

네트워크와 서버를 이중화하더라도 해당 기기가 설치된 서버 룸의 정전이나 낙뢰로 전압 변화 등 정전 사태가 발생하면 서비스가 중단될 수 있습니다.

▼ 그림 7-22 전원 장애의 발생 가능성

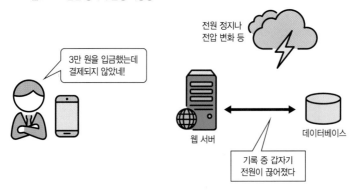

7.10.2 UPS란

UPS(Uninterruptible Power Supply)는 무정전 전원 공급 장치라고 하는 하드웨어로, UPS 내부 배터리에 저장된 전기를 사용하여 각 기기에 안정적으로 전원을 공급할 수 있습니다. 단 UPS는 어디까지나 임시 전원 공급 장치일 뿐이므로 상시 전원 공급 용도로는 사용하지 않습니다. 다시 말해 정전이 발생했을 때 장치를 안전하게 종료하는 시간을 벌어 주는 장치라고 할 수 있습니다. 애플리케이션은 종료 순서가 있거나 종료 전에 필요한 작업이 있을 수 있습니다. 예를 들어 온라인 쇼핑은 데이터베이스 갱신 작업을 마치고 새로운 갱신 작업이 없는지 확인한 후에 웹 서비스를 정지해야 합니다. 이어서 데이터베이스 서비스를 정지하고, 마지막으로 기기 자체를 정지하는 등 절차가 필요합니다. UPS로 장치를 안전하게 종료할 수 있는 시간을 확보하면 서버 장애를 방지할 수 있습니다.

▼ 그림 7-23 전원 장애 가능성

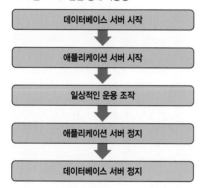

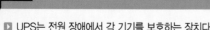

요약

▶ UPS는 전원 장애에서 각 기기를 보호하는 장치다.

▶ 시스템에는 작동 순서나 의존 관계가 있어 정지할 때 데이터 불일치가 발생하지 않도록 순서대로 정지시킬 필요가 있다.

7.11 VRRP

서버와 클라이언트 사이의 네트워크 장애도 고려할 필요가 있습니다. 여기에서
는 네트워크 장비의 이중화를 설명합니다.

7.11.1 VRRP

VRRP는 가상 라우터 이중화 프로토콜(Virtual Router Redundancy Protocol)**의 약
어로, 라우터를 이중화하는 프로토콜입니다.** VRRP에서는 한 대를 메인 시스템
라우터로, 다른 한 대를 대기 시스템 라우터로 구성하여 논리적으로 하나의 라
우터처럼 작동시킬 수 있습니다. 메인 시스템 라우터에 장애가 발생하면 대기
시스템 라우터를 경유하여 통신을 전환합니다.

▼ 그림 7-24 VRRP란

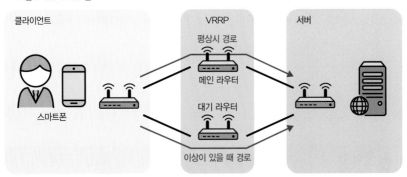

7.11.2 VRRP를 사용하는 장점

다음 그림과 같이 VRRP를 사용하지 않고 라우터를 이중화한 경우를 생각해 봅시다. 이때 1호기 라우터에 장애가 발생한다면 클라이언트의 기본 게이트웨이 (패킷을 보낼 라우터) 설정을 2호기 라우터의 IP 주소로 변경하여 서버로 가는 통신이 2호기 라우터를 경유하도록 전환해야 합니다.

즉, 1호기 라우터에 장애가 발생하면 이 경로를 이용하는 모든 클라이언트 단말기의 설정을 변경해야 하는 것입니다. 클라이언트가 수백 대 있다면 작업도 수백 번 필요하므로 이는 현실적이지 않습니다.

▼ 그림 7-25 VRRP를 사용하지 않을 때의 경로 전환

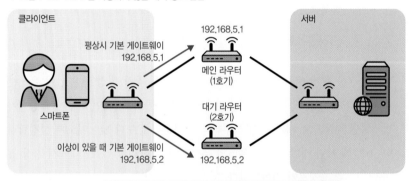

VRRP는 물리적으로 두 대인 라우터를 포트 단위로 VRRP 그룹으로 등록합니다. 그리고 라우터에 설정된 실제 IP 주소와 별도로 그룹에서 가상 IP 주소(Virtual IP 또는 VIP라고도 함)를 하나 설정합니다. 그림을 바탕으로 설명하면 '192.168.5.1' 및 '192.168.5.2'가 실제 IP 주소고, 가상 IP 주소는 '192.168.5.100'으로 설정합니다. 이 VIP는 정상 상태에서는 라우터 1에 할당되고, 이상이 발생하면 라우터 2에 할당됩니다.

클라이언트는 항상 이 VIP를 기본 게이트웨이로 설정해서 통신하며, 라우터 1에 장애가 발생하더라도 클라이언트 측 설정을 변경하지 않고 라우터 2를 경유하는 통신으로 전환할 수 있습니다.

❤ 그림 7-26 VRRP를 사용하는 장점

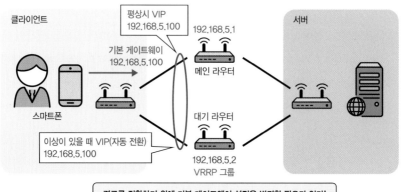

7.11.3 VRRP 메커니즘

VRRP 그룹 내에 배치된 라우터에 우선순위 값을 각각 설정합니다. 이 우선순위 값이 가장 높은 라우터가 메인 라우터로 작동합니다. 메인 라우터에 장애가 발생하면 자동으로 대기 중인 라우터의 우선순위 값보다 낮아지도록 설정합니다. 이렇게 하면 대기 중인 라우터의 우선순위 값이 VRRP 그룹 내에서 가장 높아서 네트워크 경로가 전환됩니다.

❤ 그림 7-27 VRRP 메커니즘

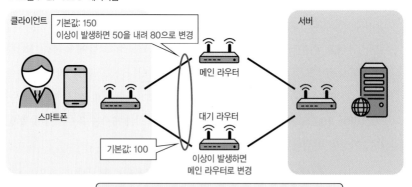

VRRP 그룹 내에 있는 라우터들은 항상 서로 Hello 패킷을 주고받으면서 응답에 따라 상태를 확인합니다. 참고로 메인 라우터 상태는 Active, 대기 라우터 상태는 Standby로 표시됩니다.

▼ 그림 7-28 VRRP 상태 확인

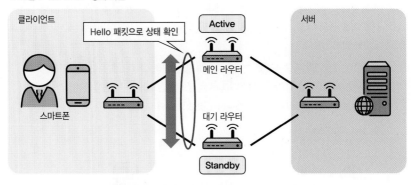

 요약

▶ VRRP는 라우터 이중화를 실현하는 기술이다.

▶ VRRP 장점은 어떤 상황 때문에 대기 라우터로 통신을 전환할 때 클라이언트 단말에서 설정을 변경할 필요가 없다는 것이다.

▶ VRRP는 서로의 라우터 상태를 항상 모니터링하고 있으므로 자동으로 경로를 전환할 수 있다.

DNS 라운드 로빈에는 7.5절에서 소개한 것처럼 여러 가지 유형의 응답 정책이 있습니다. 특히 클라우드로 제공하는 서비스는 전 세계에 거점을 두고 있어 DNS 라운드 로빈 메커니즘을 이용하여 글로벌 서비스에 위치 정보 라우팅이라는 더 높은 성능의 서비스를 제공할 수 있도록 되어 있습니다.

위치 정보 라우팅이란 사용자와 가까운 위치에 있는 서버 IP 주소를 응답하는 방식입니다. 클라우드 서비스에서 제공하는 DNS 서비스는 글로벌 인프라를 구축한 경우가 많아 사용자 위치 정보를 이용하여 표시 언어를 변경하는 것도 있습니다.

❤ 그림 7-29 위치 정보 라우팅

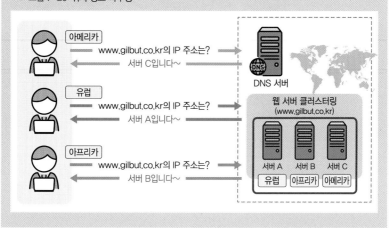

8장

서버 운용을 알아보자

이전 장에서 장애 대책을 설명했는데, 서버는 서비스 제공을 시작한 후에도 정기적으로 관리가 필요합니다. 서버가 문제없이 작동하고 있는지 모니터링하거나 데이터를 백업하기도 하고, 경우에 따라서는 사용자 편의성을 높여 주는 방법을 고안하는 등 다양한 관점에서 시스템이 개선되도록 검토합니다. 이런 작업을 운용 및 유지 보수라고 합니다. 이 장에서는 서버 운용을 설명합니다.

8.1 로그 서버

서버 운용에서 빠뜨릴 수 없는 항목으로 로그 관리가 있습니다. 로그를 관리하는 것은 장애 예측이나 장애 탐지 속도 향상에도 도움이 됩니다. 여기에서는 로그 서버를 설명합니다.

8.1.1 로그 서버

서버에서 실행되는 애플리케이션, 미들웨어, OS는 작동 상황이나 에러 등을 로그로 출력합니다. 따라서 로그를 파악하면 시스템 이상이나 외부 공격에 신속하게 대처할 수 있습니다. 각 서버는 시스템 로거를 이용하여 로그를 관리합니다.

❤ 그림 8-1 로그 서버

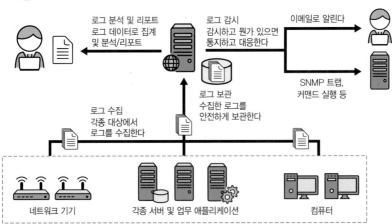

각종 대상에서 로그를 수집하여 보관, 감시, 분석 등 로그를 효과적으로 활용하는 서버를 로그 서버라고 합니다. 여기에서는 표준적으로 사용하는 리눅스의 syslog 기능을 예로 들어 설명합니다.

8.1.2 로그 서버로 할 수 있는 일

syslog는 설정 파일로 로그를 선별할 수 있습니다. 로그 출력과 관련된 설정은 다음 그림과 같습니다.

▼ 그림 8-2 로그 종류

①

퍼실리티	설명
auth, authpriv	인증 서비스(login, su 등)
cron	cron
daemon	각종 데몬
kern	커널
lpr	프린트 시스템
mail	메일 시스템
news	뉴스 서비스
syslog	syslog 기능
user	사용자 시스템
local0~7	독자적인 설정

②

레벨 키워드	레벨	설명
emergencies	0	시스템 불안정
alerts	1	즉시 처리 필요
critical	2	크리티컬한 상태
errors	3	에러가 발생한 상태
warnings	4	경고 상태
notications	5	정상이지만 주의가 필요한 상태
informational	6	정보 메시지
debugging	7	디버깅 메시지

그림에서 ① 퍼실리티(facility)는 로그 종류를 나타내는 것으로, 퍼실리티에 따라 로그를 분류할 수 있습니다. 또 로그에는 레벨이 있는데, ②에서 알 수 있듯이 레벨은 값이 작을수록 중요도나 긴급도가 높아집니다. 로그는 그대로 두면 계속 증가합니다. 로그가 너무 많이 쌓이면 파일 크기가 커지고 디스크 용량을 압박해서 시스템에 영향을 줄 수 있습니다. 따라서 오래된 로그는 백업하여 저장하거나 삭제하는 등 조치를 취해야 합니다.

이때 표준으로 사용되는 로그 운용 방식이 바로 로그 로테이션입니다. 로그 로테이션은 오래된 로그를 다른 서버나 디스크에 저장하고, 저장이 완료된 로그는 삭제하는 운용 방식입니다.

요약

▶ 여러 기기의 로그를 통합해서 관리하려고 로그 서버를 구축한다.

8.2 NTP 서버

서버를 구축할 때 각 서버 간에 시간이 동기화되어 있는 것은 매우 중요합니다. 시간이 어긋나면 로그 확인에도 지장을 줄 수 있습니다. 해외에 서버가 있을 때는 시차도 고려해야 합니다.

8.2.1 시간을 맞추는 이유

서버나 네트워크 장비가 여러 대인 환경에서 각 장비가 시간을 개별적으로 카운트한다면 시간이 어긋날 수 있습니다. 시간이 어긋나면 로그 확인이나 인증, 로그인 작업 등에 영향을 미칠 수 있습니다. 미래 시간에서 이메일이 전송될 가능성도 있고, 시스템 전체 신뢰성에도 문제가 생깁니다.

❤ 그림 8-3 시간 동기화 필요성

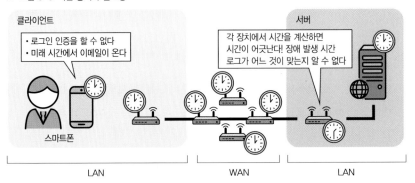

8.2.2 NTP란

네트워크 세계에서 시간을 동기화하는 프로토콜로 NTP(Network Time Protocol)

가 있습니다. NTP 전신으로 TP(Time Protocol)가 있었지만 1900년 1월 1일부터 시간이 얼마나 지났는지만 알려 주는 단순한 프로토콜이라서 정보를 알리는 데 걸리는 지연 시간 등은 고려되지 않았습니다. 따라서 기기 여러 대를 경유하는 환경에서 사용하기에는 적합하지 않다고 할 수 있습니다.

NTP는 TP의 문제점을 해결한 프로토콜입니다. 따라서 상대 서버와 통신 지연이 얼마나 발생했는지 측정하여 주고받는 시간 정보를 보정할 수 있습니다. 또 계층 구조를 채택하여 시간 전달 방식도 제어할 수 있는 구조입니다.

✔ 그림 8-4 NTP 계층 구조

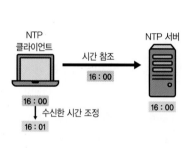
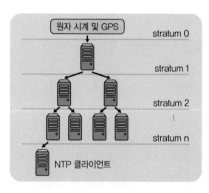

NTP 계층을 stratum이라고 합니다. stratum은 0에서 16까지 계층으로 정의되며, 최상위인 stratum0은 원자 시계나 GPS 시간 같은 정확한 시간 소스를 가리킵니다. stratum0에서 시간 정보를 받는 서버가 stratum1입니다. 그리고 stratum1에서 시간 정보를 받는 서버가 stratum2, stratum2에서 시간 정보를 받는 서버가 stratum3 등으로 계층 구조가 형성됩니다. 덧붙여 stratum16에서는 시간 정보를 받을 수 없습니다.

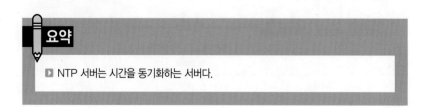

요약

▶ NTP 서버는 시간을 동기화하는 서버다.

8.3 SNMP 서버

시스템에는 반드시 장애가 발생합니다. 고객에게 제공하는 시스템은 고객보다 더 빨리 장애를 발견하는 것이 중요합니다. 여기에서는 네트워크와 서버의 상태를 모니터링하는 기술을 설명합니다.

8.3.1 장애를 빠르게 발견

7장에서는 서버 장애에 대비하는 기술을 설명했습니다. 하지만 아무리 대책을 세워도 작업이나 설정이 누락되거나 예상치 못한 사건이 일어나면 장애가 발생하게 됩니다. 이때 시스템 관리자가 사용자보다 빠르게 장애를 파악할 수 있다면 미리 대책을 세울 수 있고 사용자에게 안내할 수도 있으므로 조금이라도 업무에 미치는 영향을 줄일 수 있을 것입니다.

SNMP 서버는 네트워크 장비나 서버를 정기적으로 관찰하고 현재 상태를 파악할 수 있는 서버입니다.

▼ 그림 8-5 장애를 빨리 발견해야 할 필요성

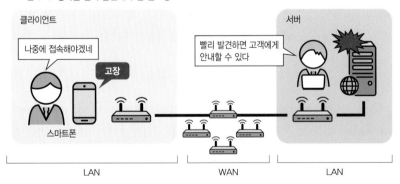

8.3.2 SNMP 구성

SNMP는 매니저와 에이전트라는 두 가지 요소로 구성됩니다. 매니저는 감시하는 쪽이고 에이전트는 감시하는 대상으로, 일반적으로 하나의 매니저에 여러 에이전트가 존재합니다. 또 매니저는 에이전트에서 다양한 정보를 가져오거나 변경할 수 있습니다.

SNMP에는 세 가지 버전이 있는데, 가장 보편적으로 사용되는 버전은 1입니다. 버전 2는 기기에 구현해야 하는 기술을 다 갖추지 못한 채 사실상 표준화되지 못했지만, 버전 3은 버전 2에서 포기한 보안 및 사용자 인증 기술까지 탑재되어 있습니다.

▼ 그림 8-6 SNMP 서버 구성

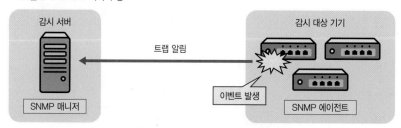

※ 트랩 알림: 감시 대상 기기에 이상 징후가 발생했을 때
SNMP 에이전트에서 SNMP 매니저로 보내는 알림을 의미한다

SNMP는 에이전트에서 얻은 정보를 표준화하기 위해 MIB(Management Information Base)와 OID(Object ID) 구조를 이용합니다.

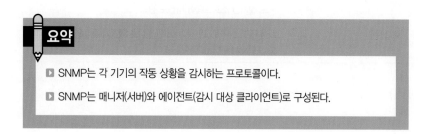

요약

▶ SNMP는 각 기기의 작동 상황을 감시하는 프로토콜이다.

▶ SNMP는 매니저(서버)와 에이전트(감시 대상 클라이언트)로 구성된다.

8.4 클라이언트 관리

지금까지 시스템 운용을 소개했는데, 운용 대상에는 서버뿐 아니라 사용자가 이용하는 클라이언트도 포함됩니다. 직원이 수천수만 명이 있는 기업에서 클라이언트 관리는 방대한 부하가 걸리는 작업입니다.

8.4.1 클라이언트 관리 종류

기업에서는 서버는 물론이고 클라이언트 단말기도 관리 대상이 됩니다. 현재 클라이언트 단말기는 데스크톱 PC, 노트북 PC, 스마트폰 등 종류가 다양하며, 다음 표와 같은 관리 항목이 있습니다.

▼ 표 8-1 관리 항목

관리 항목	내용
단말기 구입부터 폐기 절차	• 입사 및 퇴사 상황에 따라 신규 단말기 구매 • 단말기 노후화나 고장에 따른 폐기 절차 등 수행
단말기 자산 관리	• 단말기의 제조 번호와 MAC 주소를 기록하여 누가 어떤 단말기를 사용하는지 관리 • 단말기가 어느 층에서 사용되는지 등을 관리
단말기 내 소프트웨어 관리	• 단말기 내 보안 소프트웨어나 업무 관리 시스템 등 조직에서 공통으로 사용하는 소프트웨어 설치 • 또 설치한 소프트웨어 버전도 관리
로그 수집	사용자가 언제 로그인하여 어떤 조작을 했는지 등 보안 대책 의미도 포함해서 수집하고 분석

▼ 그림 8-7 클라이언트 PC의 라이프 사이클

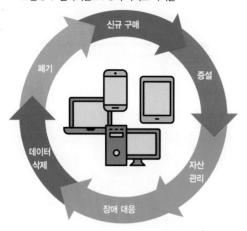

8.4.2 다양한 종류의 관리 대상 단말기

사용자가 이용하는 클라이언트 단말기는 회사에서 지급한 단말기뿐만 아니라 개인이 소유한 노트북, 스마트폰 등 단말기도 포함됩니다. 특히 재택근무가 확산된 최근에는 작업 방식도 다양해지면서 사무실 밖이나 집에서도 사내 업무 시스템을 이용하는 형태가 증가하고 있습니다.

직원 개인의 단말기를 이용하는 형태를 BYOD(Bring Your Own Device)라고 하는데, BYOD를 도입하면 회사 입장에서는 단말기 구입비 등 비용을 절감할 수 있다는 장점이 있습니다. 하지만 보안 대책 측면에서는 회사에서 지급하는 단말기보다 더 다양한 문제가 발생할 수 있습니다.

요약

▶ 서버뿐만 아니라 클라이언트 단말기도 라이프 사이클이 있고 다양한 운용 항목이 있다.

▶ 클라이언트 단말기는 PC 이외에 스마트폰이나 태블릿 등도 대상이 된다.

8.5 서비스 관리

서버에서는 다양한 서비스가 동시에 실행됩니다. 다른 서비스에 종속되는 서비스도 있지만, 기본적으로 독립적으로 관리됩니다. 여기에서는 서비스 관리 방법을 소개합니다.

8.5.1 다수 서비스는 독립적으로 관리

지금까지 웹 서버, DB 서버, 메일 서버 등 다양한 서버를 설명해 왔습니다. 이런 서버는 대체로 별도의 기기에서 작동할 때가 많지만, 하나의 기기에서 여러 서비스도 제공할 수 있습니다. 예를 들어 테스트 환경이나 인터넷에 연결되지 않은 소규모 환경에서는 여러 서비스를 하나의 기기로 가동하는 경우가 있습니다.

8.5.2 초기화 프로세스

서비스 관리를 이해하려면 OS 초기화 프로세스를 이해해야 합니다. 여기에서는 리눅스 OS 서버를 예로 들어 설명하겠습니다. 서버는 전원을 켜면 리눅스 OS의 '커널'이라는 프로그램이 메모리에 로드되고, CPU가 커널을 실행하면 OS가 시작됩니다. 커널을 메모리에 로드하는 소프트웨어를 BIOS나 UEFI라고 합니다.

BIOS나 UEFI가 '부트 로더' 프로그램을 실행하면 부트 로더는 커널과 초기 RAM 디스크를 로드합니다. 초기 RAM 디스크에는 커널이 로드된 직후에 사용할 디바이스 드라이버 등 파일이 저장되어 있습니다.

❤ 그림 8-8 OS 부팅 과정

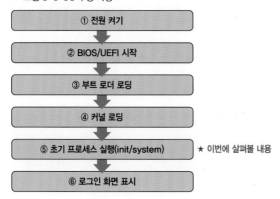

① 전원 켜기

② BIOS/UEFI 시작

③ 부트 로더 로딩

④ 커널 로딩

⑤ 초기 프로세스 실행(init/system) ★ 이번에 살펴볼 내용

⑥ 로그인 화면 표시

로드된 커널은 init 프로그램을 실행하는데, init 프로그램은 systemd라고도 하며 모든 서비스를 실행하는 상위 프로그램입니다. 리눅스 OS는 이 systemd를 이용하여 각 서비스의 시작과 정지, 재시작에 관한 제어, 활성화 및 비활성화, 자동 시작 등을 관리하는 구조입니다.

❤ 그림 8-9 systemd가 모든 서비스 관리

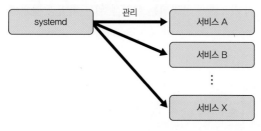

요약

▶ 서버에서는 여러 서비스가 실행되고 있고, 독립적으로 관리된다.

▶ OS가 부팅되면 그 위에서 각 서비스가 실행된다.

▶ 리눅스에서는 systemd가 각 서비스의 부모 프로세스가 된다.

8.6 네트워크 관리

서버에는 NIC가 여러 개 장착된 경우가 많아 다수의 네트워크에 연결할 수 있습니다. 따라서 관리가 복잡해지기 쉽고 운영 부담도 커집니다. 여기에서는 리눅스 OS를 예로 들어 구체적으로 네트워크를 관리하는 방법을 살펴보겠습니다.

8.6.1 네트워크 설정 파일을 사용한 관리

리눅스 OS에서 TCP/IP 네트워크 관리는 네트워크 설정 파일로 합니다. 이 네트워크 설정 파일이 제대로 관리되어야 서버가 네트워크상에서 제대로 작동할 수 있습니다.

네트워크 설정 파일은 두 가지로, OS에 공통되는 설정을 위한 파일과 장치별로 연결된 파일이 있습니다.

▼ 그림 8-10 설정 관리는 설정 파일을 사용

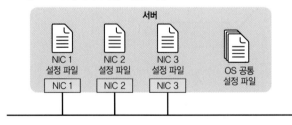

8.6.2 NIC별 네트워크 설정 파일

물리적 네트워크 장치로 서버에는 이더넷, Wi-Fi, 적외선(IrDA), 블루투스 등 하드웨어가 있습니다. 이런 하드웨어는 운영 체제에서 다음과 같은 네트워크 장치로 인식됩니다.

루프백(lo)

TCP/IP를 사용하는 단말에는 꼭 있어야 하는 장치입니다. 네트워크를 검증하는 데 이용됩니다.

이더넷(enX, wlX: X는 숫자 또는 알파벳)

NIC를 논리적으로 캡슐화한 장치입니다. 유선이면 en…… 형식, 무선이면 wl…… 형식입니다. OS가 장치를 찾은 순서대로 명명합니다.

본딩/티밍(bondX, teamX: X는 숫자)

NIC 이중화를 위해 NIC를 묶었을 때의 가상 장치가 본딩 또는 티밍(7.2절에서 소개)입니다. 이들은 마스터(메인) NIC와 슬레이브(서브) NIC의 설정 파일과 연동해서 작동합니다.

▼ 그림 8-11 서버의 네트워크 관리

예를 들어 이 서버에는 NIC가 두 개 있으며, 각각 ens33, ens36이라는 이름으로 관리된다

✏️ **요약**

▶ 리눅스 OS에서 네트워크는 설정 파일로 관리된다.

▶ NIC는 디바이스마다 이름이 붙어 있다.

8.7 원격 관리

서버는 멀리 떨어진 데이터 센터나 고객사 등에 배치할 때가 많은데, 유지 보수나 긴급 상황이 발생하여 일일이 찾아가려면 많은 시간과 노력이 필요합니다. 따라서 원격으로 관리할 수 있는 체계는 매우 중요합니다.

8.7.1 원격 관리 필요성과 과제

TCP/IP에는 텔넷이나 SSH 같은 원격 접속 서비스가 준비되어 있습니다. 참고로 텔넷에는 인증이나 통신 암호화 기능이 없으므로, 현재는 텔넷 이후에 등장하여 암호화 기능 등을 갖춘 SSH를 주로 사용합니다. 리눅스 OS 서버는 SSH 서버 기능을 기본으로 탑재하고 있어 접속할 서버의 방화벽이나 네트워크 경로 방화벽 등에 SSH에서 사용할 포트 번호를 허용하면 즉시 원격으로 접속할 수 있어 매우 편리합니다.

▼ 그림 8-12 텔넷/SSH 원격 관리

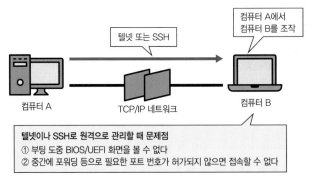

그러나 SSH로 볼 수 있는 접속 대상 화면은 OS가 부팅된 화면이므로 부팅 중에 BIOS/UEFI 화면(콘솔 화면)은 확인할 수 없습니다.

8.7.2 콘솔 서버

앞서 언급한 문제를 해결할 수 있는 네트워크 제품으로 **콘솔 서버**가 있습니다. 콘솔 서버에는 **시리얼 포트**와 **LAN 포트**가 있어 서로 연결을 전환할 수 있습니다. 시리얼 포트는 네트워크를 이용하지 않고 직접 신호를 보내는 장치입니다.

유지 보수를 시행할 클라이언트는 먼저 콘솔 서버의 LAN 포트를 이용하여 텔넷이나 SSH로 콘솔 서버에 접속합니다. 콘솔 서버와 유지 보수 대상 서버는 시리얼 포트를 통해 시리얼 케이블로 연결되어 있기에 연결 대상 서버의 콘솔에 접속해서 BIOS/UEFI 화면을 원격으로 볼 수 있습니다.

❤ 그림 8-13 텔넷/SSH 원격 관리

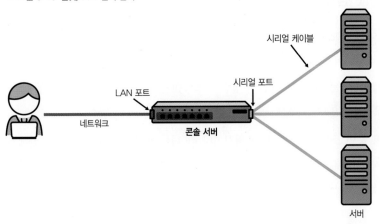

요약

▣ 서버에 원격 접속하는 대표적인 프로토콜은 SSH다.

▣ 콘솔 서버는 TCP/IP를 이용하지 않고 원격 접속을 하는 장치다.

8.8 업데이트 프로그램

보안 시스템을 구축한 후에도 새로운 공격 방법이 생길 수 있습니다. 그래서 항상 시스템을 최신 상태로 유지하는 것이 중요한 주제인데, 여기에서는 시스템을 최신 상태로 유지하는 수단 중 하나인 업데이트 프로그램을 설명합니다.

8.8.1 업데이트 프로그램

OS, 미들웨어, 애플리케이션 등 소프트웨어는 시간이 지남에 따라 보안 허짐이 드러나거나 버그가 발견될 수 있습니다. 소프트웨어를 관리하는 벤더는 대체로 이런 문제를 해결하는 수정된 소프트웨어를 제공합니다. 이 수정된 소프트웨어를 업데이트 프로그램이라고 합니다.

사용 중인 소프트웨어의 보안 허점이나 버그를 그대로 방치하면 시스템 전체가 취약한 상태가 됩니다. 따라서 업데이트가 제공될 경우 필요에 따라 신속하게 업데이트하면 좋습니다.

참고로 클라이언트와 서버는 업데이트 적용에 대한 생각이 다릅니다. 각 적용 방법을 알아보겠습니다.

8.8.2 클라이언트에 적용

클라이언트 운영 체제로 전 세계 점유율이 가장 높은 윈도우 OS를 예로 들어 설명하겠습니다. 마이크로소프트는 매월 윈도우 업데이트 페이지에서 윈도우 OS 업데이트를 공개합니다. 윈도우 업데이트에서는 주로 보안 업데이트 및 버그 패치가 공개되지만, 긴급한 경우에는 임시로 업데이트 프로그램이 공개되기도 합니다. 어쨌든 사용자가 매번 업데이트 프로그램을 수동으로 적용하는 것은 번거롭고 시간이 걸리므로, 윈도우 OS에서는 프로그램을 자동으로 업데이트하도록 기본 설정되어 있습니다.

8.8.3 서버에 적용

클라이언트에서는 자동 업데이트가 기본으로 설정되어 있다고 앞서 언급했지만, 서버에서는 자동 업데이트를 권장하지 않습니다. 업데이트를 적용하면 기존 애플리케이션 동작에 문제가 발생하거나 자동으로 재부팅되는 등 사용자에게 영향을 미치기 때문입니다.

따라서 실제 환경에서 서버를 업데이트하기 전에 보통은 먼저 테스트 환경 서버를 업데이트해서 동작을 확인합니다. 또 인터넷과 직접 연결되지 않는 세그먼트에 설치된 서버는 엔지니어가 CD나 USB 등 미디어에 업데이트를 일단 저장한 후 해당 미디어를 이용해서 업데이트를 적용합니다.

❤ 그림 8-14 인터넷에 연결되지 않은 서버에 업데이트 적용

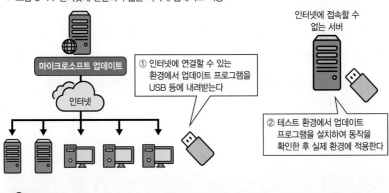

▶ 업데이트 프로그램이란 소프트웨어의 보안 허점이나 버그를 수정하는 소프트웨어다.

▶ 업데이트 프로그램은 클라이언트에는 자동으로 적용하고, 서버에는 수동으로 적용하는 경우가 많다.

8.9 백업

서버 운용 항목으로 백업은 매우 중요한 작업입니다. 제대로 백업하면 어떤 사정으로 데이터가 사라지거나 시스템이 손상되었을 때 정상 작동하던 상태로 쉽게 되돌릴 수 있습니다.

8.9.1 백업 필요성

많은 클라이언트가 접속하거나 중요한 역할을 담당하는 서버는 장애가 발생했을 때 최대한 빨리 복구해야 합니다. 일반적으로 하드 디스크 수명은 하루 8시간 가동할 때를 기준으로 3년 정도입니다. 그러나 서버에 사용되는 하드 디스크 수명은 24시간 가동 기준으로 5년 정도라고 알려져 있습니다. 이 수치는 어디까지나 참고 사항이며 실제로는 몇 달 혹은 반 년 만에 망가질 수도 있습니다.

하드웨어적 고장은 예측하기 어렵고, 갑작스럽게 데이터를 잃을 수도 있습니다. 따라서 중요한 서버는 데이터 유지 관리를 위해 백업 체계를 마련해야 합니다. 또 백업에서 데이터를 원래대로 되돌리는 것을 복원이라고 합니다.

8.9.2 백업 대상

백업은 대상에 따라 다음과 같이 크게 두 종류로 나눌 수 있습니다.

시스템 백업

OS 및 애플리케이션이 설치된 영역을 시스템 영역이라 하고, 이 시스템 영역을 백업하는 것을 시스템 백업이라고 합니다. 시스템 영역은 변경이 별로 없기 때문에 업데이트 프로그램 적용 등 유지 보수 작업 이후에 주로 수행됩니다.

데이터 백업

애플리케이션이 사용하는 데이터를 저장한 영역을 데이터 영역이라고 합니다. 이 데이터 영역 또는 데이터 자체를 백업하는 것을 데이터 백업이라고 합니다. 데이터 영역 내용은 애플리케이션으로 매일 업데이트할 때가 많으므로 기본적으로 매일 백업합니다.

▼ 그림 8-15 시스템 백업과 데이터 백업

8.9.3 백업 방식

백업을 어떤 타이밍에 어떤 방식으로 하는지에 따라 다음 세 가지 방식으로 나눕니다.

전체 백업

모든 데이터를 백업하는 방식입니다. 한 번에 전체 데이터를 복구할 수 있지만 복구에 시간이 걸립니다.

▼ 그림 8-16 백업 방식

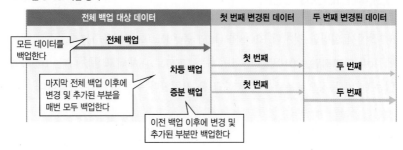

차등 백업

마지막 전체 백업 이후에 변경된 데이터를 모두 백업하는 방식입니다. 복구할 때는 전체 백업 복구와 차등 백업 복구로 두 단계가 필요합니다.

▼ 그림 8-17 차등 백업과 증분 백업으로 복원할 때의 차이

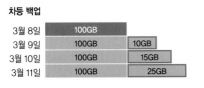
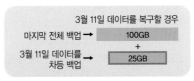

증분 백업

직전 백업에서 변경된 데이터만 백업하는 방식입니다. 백업에 걸리는 시간은 짧지만, 복구할 때는 전체 백업 복구와 그 후에 증분 백업한 데이터를 모두 되돌릴 필요가 있으므로 시간이 매우 오래 걸립니다.

8.9.4 BIOS와 UEFI

8.7절에서 설명한 것처럼 BIOS와 UEFI 중 어느 쪽을 이용하는지는 하드웨어에 따라 다르지만, 2010년 이후 BIOS는 UEFI로 대체되고 있습니다. BIOS에 없는 UEFI 특징으로는 우선 GUI 조작을 지원한다는 점을 들 수 있습니다.

❖ 그림 8-18 BIOS 화면(CLI 조작)과 UEFI 화면(GUI 조작) 예

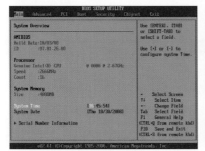

BIOS 화면(CLI 조작)

UEFI 화면(GUI 조작)

그런데 하드 디스크 등 보조 기억 장치에 데이터를 저장할 때는 파티션 형식으로 관리할 필요가 있습니다. 파티션 형식에는 MBR(Master Boot Record) 형식과 GPT(GUID Partition Table) 형식 두 가지가 있습니다. MBR 형식은 BIOS와 UEFI 모두에서 사용할 수 있지만, GPT 형식은 UEFI 환경에서만 사용할 수 있습니다. 참고로 MBR 형식은 오래전부터 사용해 온 관리 방식으로, 최대 파티션 크기나 파티션 수에 제한이 있습니다. 반면 GPT 형식은 새로운 관리 방식이고, 64비트 환경이 필수이기는 하지만 최대 파티션 크기나 파티션 수에 제한이 없습니다. 참고로 파티션은 디스크를 구분하는 영역을 의미합니다.

 요약

▣ 중요한 서버는 신속하게 장애에서 복구하기 위해 백업해야 한다.

▣ 백업하는 범위에 따라 시스템 백업과 데이터 백업으로 나눌 수 있다.

▣ 백업하는 시점에 따라 전체 백업, 차등 백업, 증분 백업 세 종류로 나뉜다.

8.10 SSO

인터넷으로 여러 서비스를 이용할 때, 로그인 계정을 잊어버리거나 같은 ID와 비밀번호를 사용한 경험이 있지 않나요? 여기에서는 로그인 계정을 통합 관리하는 기술인 SSO를 설명하겠습니다.

8.10.1 로그인 계정 관리

온라인 쇼핑몰, 소셜 미디어, 동영상 서비스 등에서는 각각 로그인 계정이 필요합니다. 혹시 이런 계정이 너무 많아서 비밀번호를 간단하게 설정하거나 여러 서비스에서 같은 계정을 사용하고 있지는 않나요? 로그인 계정과 비밀번호를 하나로 돌려쓰는 것은 보안상 매우 위험한데, SSO(싱글 사인온)를 이용하면 이런 보안 문제를 해결할 수 있습니다. SSO는 한 번의 로그인으로 여러 서비스에 자유롭게 접근할 수 있게 해 주는 기술입니다.

▼ 그림 8-19 SSO 개요

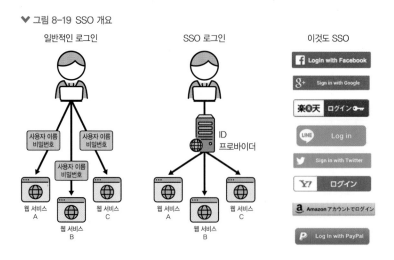

덧붙여 페이스북 계정으로 로그인하거나 카카오 계정으로 로그인하는 등 다른 서비스 계정을 로그인 계정으로 사용할 수 있는 '소셜 로그인'도 있는데, 이 방식도 SSO의 일종입니다.

8.10.2 인증과 인가

SSO를 구현하는 메커니즘으로서 인증과 인가를 정리할 필요가 있습니다. 인증은 본인임을 확인하는 메커니즘이고, 인가는 인증된 사용자에게 어떤 기능을 제공할지 권한을 부여하는 것입니다.

▼ 그림 8-20 인증과 인가

8.10.3 SAML 인증

SAML은 OASIS(구조화된 정보 표준 추진 기구)에서 표준화한 사양으로, SAML을 지원하는 웹 사이트라면 웹 사이트 간에 인증 정보나 인가(권한) 정보를 넘겨받을 수 있습니다.

SAML은 SP(Service Provider)와 IdP(ID Provider)로 구성됩니다. 접속할 서버에 SP를 설정하면 SP 요청에 따라 IdP가 SAML을 지원하는 인증 서버에서 클라이언트를 인증하고, 인증 어설션(인증된 사용자 정보, 인증된 시간, 권한 정보 등)을 발행합니다. 그리고 발행한 정보를 SP가 검증하여 서비스를 제공합니다.

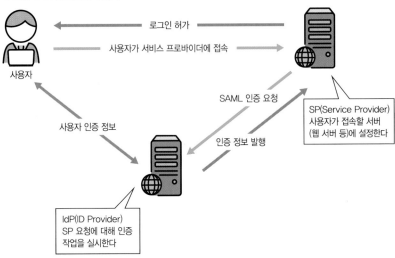

∨ 그림 8-21 SAML 동작 방식

사용자

로그인 허가

사용자가 서비스 프로바이더에 접속

사용자 인증 정보

SAML 인증 요청

인증 정보 발행

SP(Service Provider)
사용자가 접속할 서버
(웹 서버 등)에 설정한다

IdP(ID Provider)
SP 요청에 대해 인증
작업을 실시한다

8.10.4 OpenID와 OAuth

앞서 언급한 페이스북이나 카카오 계정으로 로그인하는 소셜 로그인은 OpenID
와 OAuth를 이용하여 구현합니다.

OpenID는 인증 정보만 제공하는 기술로, 페이스북과 야후가 SP 겸 IdP가 되
어 다른 서비스에 인증 기능을 제공합니다.

OAuth는 인가(권한) 정보를 다루는 기술입니다. 예를 들어 페이스북 사용을
허용하는 권한을 SP에 전달하는 부분에서 OAuth가 이용됩니다.

최근에는 OpenID와 OAuth를 통합한 OpenID Connect라는 표준이 SAML
과 함께 주류가 되고 있습니다.

▼ 그림 8-22 OpenID와 OAuth 동작 방식

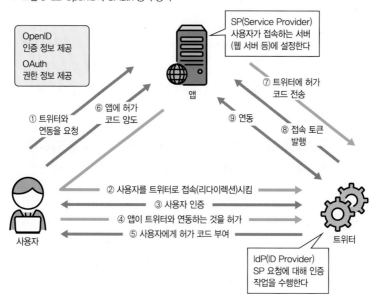

 요약

▶ 여러 서비스를 이용하려면 SSO(싱글 사인온)가 편리하다.

▶ SSO는 하나의 로그인 계정으로 관리 범위에 있는 여러 서비스에 접근할 수 있다.

▶ SAML을 지원하는 웹 사이트라면 웹 사이트끼리 인증 정보와 인가(권한) 정보를 주고받을 수 있다.

▶ SAML은 SP(Service Provider)와 IdP(ID Provider)로 구성된다.

▶ OpenID는 인증 정보만 제공하는 기술이다.

▶ OAuth는 인가(권한) 정보를 다루는 기술이다.

맺음말

이 책을 끝까지 읽어 주어서 감사합니다. 사내 LAN은 물론이고, 인터넷상에서 펼쳐지는 다양한 서비스에서도 서버는 필수적입니다. 또 서버를 안정적으로 가동시키려면, 이 책에서 다룬 서버 구축 및 운용과 관련된 네트워크나 보안 등 지식도 중요합니다.

이 책이 앞으로 서버를 깊이 있게 이해하고자 하는 사람들에게 동기를 부여할 수 있길 바라고 있습니다. 조금이라도 여러분께 도움이 되었길 바랍니다.